गंध-गाथा

[कहानी-संग्रह]

गंध-गाथा

मृणाल पाण्डे

राधाकृष्ण प्रकाशन

ISBN : 978-81-8361-937-0

गंध-गाथा

पहला संस्करण : 2019

मूल्य : ₹ 395

प्रकाशक

राधाकृष्ण प्रकाशन प्राइवेट लिमिटेड
जी-17, जगतपुरी, दिल्ली-110 051
शाखाएँ : अशोक राजपथ, साइंस कॉलेज के सामने, पटना-800 006
पहली मंजिल, दरबारी बिल्डिंग, महात्मा गांधी मार्ग, इलाहाबाद-211 001
36 ए, शेक्सपियर सरणी, कोलकाता-700 017
वेबसाइट : www.radhakrishnaprakashan.com
ई-मेल : info@radhakrishnaprakashan.com

मुद्रक

यश प्रिंटोग्राफिक्स
नोएडा-201 301 (उत्तर प्रदेश)

GANDH-GATHA
Stories by Mrinal Pande

उन सबको
जो अब और कोई
बँटवारा नहीं चाहते...

प्रस्तावना

साहित्य पढ़ना मेरे लिए एक सजीव अनुभूति है और ये कहानियाँ उसी अनुभूति को रसिक पाठकों के मन में उतारने की कोशिश हैं। डिजिटल भाषा में कहूँ तो स्मृतियों में कहानियाँ मेरे लिए मनोलोक के पिक्सेल सरीखी हैं। 'एंटर' का बटन दबते ही वे पहले टुकड़ों में मन के पर्दे पर उभरने लगती हैं। फिर बाद को कुछ और अनुभव कहानियों के पिक्सलों के आस-पास सिमटते हैं, और फिर उनसे न जाने किस तरह के रूपाकार बनते जाते हैं। इस दुनिया का, आधुनिक सभ्यता और भाषा का जितना हिस्सा मुझे विरासत में मिला है, वह कमोबेश कहानियों से ही बना है। कथाएँ भी किसम-किसम की।

संस्कृत के आचार्यों ने कथा शब्द का मतलब गद्य से जोड़ा है। अब आचार्यगण टर्म बनाएँ और अनुक्रम नहीं, यह तो सम्भव नहीं। लिहाज़ा अपने बन्धु भामह ने ज्ञान बढ़ाते हुए यह कहा है कि कथा का जो सुन्दर, सरस प्रकार है, उसे आख्यायिका कहा जाता है। और इसे सुनाता है स्वयं कथा का नायक! बेचारी नायिका का इस कथा कथन में अलग से ज़िक्र नहीं रखा गया, शायद इस वजह से कि आख्यायिकाओं में युद्ध, विरोध, कन्या हरण सहित अन्त में नायक सिकंदर बन कर जीतता है। अब एक विद्वान् स्थापना दे और दूजा सपोर्ट कर दे यह प्रथा अपने यहाँ कम ही रही। लिहाज़ा अपने आचार्य दंडी कहिन कि चल हट, कथा और आख्यायिका में कोई भेद नहीं। हमको दंडी बाबू के विचार जँचते हैं। मेरे प्रिय गुरु हजारीप्रसाद जी एक और कदम आगे जाते हैं। अरे गउरा, (अपनी प्रिय छात्रा और मेरी माँ शिवानी को

वे इसी पुरबिया हिन्दी में पुकारते थे) गल्प या गप्प में कोई भेद नहीं होता। कथा कोई कहे, कथावस्तु कुछ भी हो, गप्प से उपजी गल्प भी हो, बस उसकी बयानी में रस होना चाहिए। है कि नहीं?

यानी रसो वै स:!

बौद्ध और जैन जातक ग्रन्थों की कहानियाँ मुझे और अधिक लोकमुखी और बिंदास लगती हैं। हिंसा, प्रतिबन्धित प्रेम, कृतघ्नता, स्वामिभक्ति, माता या पिता से कलह, वेदबाह्य धर्मों और उनके अनुयायियों का ब्राह्मणवादी समाज से लट्ठमलट्ठा, सब विषय उनमें बेबाकी से चित्रित हैं। रोहिणी जातक की एक कथा में रोहिणी नामक दासी ने माँ के सर पर से मक्खियाँ उड़ाते हुए हाथ में थमा मूसल उसके सर पर दे मारा और वह गरीब गोलोकवासिनी हुई। एक अन्य जातक में रोहिणेय नामक चोर का ब्योरा है जिसने चोरों का ही एक धार्मिक संगठन खड़ा कर लिया। माँ-बाप को चरका देकर दूधवाली को अकेले में न्योतने और फिर पोल खुलने पर आलोचकों के मुँह में ठोंकने को एक विशाल कील बनानेवाले कृष्णपुत्र शम्ब की कथा इस संकलन की 'पार्टीशन' कहानी में इन्हीं स्रोतों से आई है।

हर कथा मेरे लिए कहीं न कहीं टुकड़ा-टुकड़ा मिले जीवन ज्ञान के बीच सचाई की घनचक्करी तलाश है। हम जन्म तो ले लेते हैं, पर निरन्तर अपने आस्तित्व को समझने के लिए हमको बाहरी प्रमाणों की भी तो ज़रूरत होती है। भारतीय दर्शन के शब्दों में कहूँ तो लेखकी मेरे सरीखे लेखक को आलोचकीय और राजनैतिक रहस्यवाद से पुष्टिमार्ग की तरफ खींचनेवाला एक अनथक चुम्बक है। बहुत सारे बहुप्रशंसित, बहुपुरस्कृत कवि-लेखक जब खुद पढ़े तो उनको तर्क की भूमि पर खींचकर इसी चुम्बक के सामने लाने का मन किया। मनोविश्लेषक चाहे इसे एक कुंठित मन और भटकन का सबूत मानें, पर मेरी राय में बढ़िया कहानियों का आधार व्यक्तित्व या घटनाएँ नहीं, उनके गिर्द का वह निजीपन होता है जिसे हर कथा लेखक बड़ी कुशलता से उनमें पिरोता है। केदारघाटी का हादसा, पार्टीशन की विभीषिका, मनुष्य और पशु के बीच का शब्दहीन प्रेम और बतकही, इनकी बाबत मोटामोटी हम सब

जानते हैं। पर इस संकलन की कथाओं में जहाँ, जिस तरह और जिस लिए कुदरत और व्यक्तित्वों के पास-पास सरकने से जो कई तरह के ब्रह्मांड टूटते, मिलते और दूर होते दिखते थे, उनका पीछा मेरे लिए अधिक महत्त्व रखता रहा है। इन में कई बार जीवन के गहरे लेकिन अनुत्तरित प्रश्नों के छोर पर, जवाब की जो-जो सम्भावनाएँ झिलमिल करती मुझे दिखी हैं, उनका चित्रण मेरे लिए सरलीकृत रिपोर्टिंग के परे कहीं अधिक महत्त्व का है।

हो सकता है कि जैसी वे हैं, उन कहानियों को आत्मसात् करना या पूरी तरह समझना आदि, मध्य, अन्त और ज्यामितीय तरीके से बढ़नेवाली कहानियों के पाठक को मुश्किल लगे।

रह गया सा एक सीधा बिम्ब
चल रहा है जो शान्त इंगित सा
न जाने किधर।

बहरहाल जैसी हैं, वैसी ये कहानियाँ आपके हाथों में देती हूँ।

—मृणाल पाण्डे

सितम्बर, 2019
नई दिल्ली

क्रम

गंध-गाथा

एक ढीली—गुड़ी-मुड़ी गुड़िया की तरह मासी लेटी हुई है। उसके कमरे में अनेक तरह की परिचित गंध है : कपूर की, लवंग की, काली मिर्च, सौंफ, तुलसी की।

"हरसिंगार में भी फूल आ गए होंगे?" वह अपनी पतली, घिसी आवाज में आहट पाकर पूछती है।

"हाँ।"

"हाँ...; कोजागरी पूर्णिमा भी आ गई। पेड़ से बीन के एकाध फूल ला देगी, जरा तकिए के पास रखूँगी, इस फूल की गंध से सर का भारीपन घटता है।" कभी विराटकाय रही मासी की मेदबहुल देह लम्बे रोग के कर्कट ने चूस डाली है। खाल जैसे पतझड़ का उड़ता झुर्रीभरा पत्ता हो। उसका चौड़ा मेधावी ललाट हल्दी के रंग का हो गया है।

"दिन-रात बोलती रहती है अम्मा, बोलने का मर्ज हो गया है इसे।" बहू कहती है। उसके चेहरे पर लम्बी तीमारदारी झेलने की उबान है। फिर वह एक लम्बी जम्हाई लेती है। "रातभर बोलती रहती है, कोई समझे कि न समझे। फूल उधर भी रखे हैं लाली, काँच के बोल से ले लो।"

"मासी ये ले फूल।" मासी के तकिए के पास एक रूमाल में फूल रख दिए गए हैं। उसकी दृष्टिहीन आँखें हिलती हैं। "फूल जो हैं न बेटी, देवताओं की देन हैं बेटियों की तरह। आसमान में मेरी अम्मा कहती थीं बड़ी भारी लड़ाई हुई शंकर जी और कामदेव के बीच। शिव का धनुष जब टूटा तो टूटकर बना चम्पक,

और उसके तीर के हीरे की अनी बनी मौलसिरी। ये पाटल, चमेली, बेला, स...ब्ब धनुष के हिस्सों के ही अंश हैं। पारिजात गौरा-पार्वती का फूल ठहरा खास..."

मासी खाँऊ-खाँऊ खाँसती है।

"चुप रह मासी, बोल मत।"

"इस धरती पर पड़े बिना कुछ भी फूल नहीं बनता री। पारिजात भी टपक कर गिरा तो बीना जावै। बाहर गुलाब भी लगे हैं क्या?"

"देखती हूँ जाके।"

"देसी गुलाब से बने हैं गुलकन्द—सौंफ, काली मिरच, मिसरी और मगज़ दे के। खाओ तो चन्दन का लेप भर गर्मी लू में निकल पड़ो। मजाल है...ये आजकल के लोग विलैती-विलैती करके रोपते हैं देशी गुलाब में जो खुशबू..." खाँऊ-खाँऊ...

भाई ब्रीफकेस लिए दफ्तर को निकल रहा है। वह भी उदास और झुंझलाया है—दुनियाभर की दवाएँ ला-ला के रखी हैं। उन्हें खाती ही नहीं अम्मा—वही बेवकूफी वाले लुकमान हकीम के नुसखे बापरना चाहती है। तुलसी पत्ते की चाय, गुलाब-बनफशे का काढ़ा। ठीक कैसे होगी? एक ये हैं, एक है इनकी दुलारी दाई। हम मना करें तो भी लाके पिलाती है। ठीक कैसे होंगी?

सचमुच उसे ठीक होने देना चाहते भी हो तुम लोग? मैं पूछना चाहती हूँ, पर फिर सवाल निगल लेती हूँ। मैं ठहरी घर की लड़की—मेरा यहाँ क्या? हम तो बाबुल तेरे बेले की कलियाँ—घर-घर माँगी जाएँ—पुरानी कलियों की खुशबू ही भला फिर-फिर लौटकर क्यों आए उसी आँगन के पास जहाँ से उसका कोई लेना-देना नहीं? जल मरे कन्दर्प देवता तो भी मणियों को, सोने को फूल बना गए। शिव याद रखें-न-रखें—गौरा-पार्वती से हारे देवता। खुद भी बेटी थीं न। जानती थीं कि पारिजात को जब-जब जूड़े पर, वक्षस्थल में कटिप्रदेश की मेखला में गूँथेंगी, तब-तब कन्दर्प फिर से विजयी होगा। औरत की कोमलता जीतेगी कठोर तन सुखाने वाले तप पर।

क्या स्मृतियों में सुगंध इसी तरह फिरती रहती है? मासी क्या उसी की

डोरी पकड़कर अपनी आखिरी यात्रा तै नहीं कर रही?

"पानी पिला," मासी कहती है और अपना चिड़िया की चोंच-सा मुँह खोल देती है। बचपन में हम बिना-माँ के बच्चों का सर-पेट दुखता था तो यही मासी बरगद की छाँव की तरह आकर हमें अपनी विराट गोद में समेट लेती थी। कितनी तरह की गंध निकलती थी मासी के उस विराट शरीर से—हिना की, हल्दी की, कच्चे दूध की, पान के जर्दे की, शेरछाप बाम की, पिपरमिंट की। फिर वह हमें सौंफ का पानी पिलाती थी।

"बेटा पानी पिला और," मासी फुसफुसाती है।

"दर्द बहुत है माँ?"

"नहीं लाल, तू जा। खाना खाया?"

"खाया माँ।"

"ऐसा-वैसा पानी मत पीना दफ्तर जाके," मासी तन्द्रा में फिर डूबी रही। कमरे में सिर्फ गंध है। बाहर पारिजात सरसराता है, मासी की पलकें काँपती हैं।

"मीता? सुषमा? लाली?"

"मासी मैं हूँ लाली।"

"तेरी उस गंध से इलाज करने वाली रूसी डॉक्टरनी का नाम क्या था भला? गुलनार?"

मैं चकित होती हूँ। कभी सालों पहले मासी को बताया था कि कैसे अजरबाइजान के दौरे में हम एक किसी गुलनार मैडम की पुष्पगंधा फार्मेसी गए थे, जहाँ फूलों की सुगंध से इलाज किया जाता था। "तू होती तो बड़ी मगन होती"—मैंने कहा था। मासी के सुगंध-प्रेम को याद कर मैं वहाँ से उसके लिए एक पूरा सैट लाई थी पुष्पगंधा दवाओं का, और एक किताब—दि एरोमोथेरैपी। सालों तक मासी ने उसे सेंत कर रखा था।

"आज तुझे अचानक वो क्यों याद आई?"

"कुछ शीशी मँगा सकती है तू मेरे लिए? जो शफा उसमें है डॉक्टरी दवाई में कहाँ?" मेरी आँखों के आगे आपके यूरोप के गृहदाह में जल रहा इलाका उभरता है—क्या पता बचे भी होंगे वे फूल?

"बुढ़ापे का इलाज चाहिए मुझे"—मासी हँसने की चेष्टा में बेतरह खाँसने लगी है। खाँसते-खाँसते वह पानी भी उलट जाता है जो अभी-अभी उसने पिया था। धुली धोती के नरम चिथड़े से मुँह पोंछती बहू का मुँह वितृष्णा से विकृत होता है। मैं उसे बरजकर खुद यह करना चाहती हूँ, पर मेरा हक ही क्या? क्या है मेरा हक उनकी बूढ़ी माँ के इलाज में कुछ और लुकमानी नुस्खे जोड़ देने का? स्मृतियों के बाहर गंध का कोई हक होता है क्या?

विस्मृत होती जा रही है अम्मा अब। याद बस जरा सी ही देर को लौटती है। फिर अपने में गुम हो जाती है। डॉक्टर कहते हैं दिमाग के सेल बुझ रहे हैं—मैं सिर्फ सुनती हूँ।

दिन बीतते जा रहे हैं।

"हाजमा जवाब दे रहा है। पर एलोपैथी की दवा छूना नहीं चाहती अम्मा। आए दिन या पेट चलता रहता है, या फूलकर डम्म।" बहू दाल परसती हुई कहती है। बहू के पिता डॉक्टर हैं। दवाइयों की आवक पर कोई कठिनाई नहीं। पर मासी अड़ियल टट्टू बनी परिचित फूलों के अर्क से मसालों की सुगंधों से घिरी बैठी है, वह हमसे परे है, उपचार से परे है, आयोडिन, स्पिरिट और फार्मेल्डिहाइड से भी परे है।

सत्तर बरस की बूढ़ी को अगर विस्मृति होती है तो भाभी और भाई उसे दामी हस्पताल में दाखिल जरूर करा सकते हैं। पर किसलिए? डूबने की इस वेला में अगर मासी ने अपने लिए नामाकूल दवाइयों की गंध और इस्पाती सुइयों की चुभन के बजाय फूलों की सुगंध का कवच चुना तो बुरा क्या किया? मैं सोचती हूँ।

भाई की दुनिया चुस्त ग्लोबल उद्योग की दुनिया है। उसके श्वसुर के क्लीनिक में कम्प्यूटराइज्ड मशीन से खून की जाँच करके तुरत बता देते हैं कि तुम्हारे खून की जाति क्या है। वहाँ वार्डों की खिड़कियों पर दोहरे काँच हैं। इस दुनिया में कीड़ा-मक्खी कोई भी पर नहीं मार सकता। फूलों के गुलदस्तों

का प्रवेश तक मना है तो हरड़-आँवला-बहेड़ा, मौलसिरी, बेला और पारिजात भला यहाँ कहीं कैसे आएँगे? यही मासी को गिला है। जब से खाट पर पड़ी है वह अपनी नेत्रहीन दुनिया को गंध से ही पहचानती है। यह डोर कट गई तो वह खो न जाएगी? पीछे की बगिया में सालों पहले उसके रोपे वे तमाम खुशबूदार देसी फूल उखाड़ दिए गए हैं। "दुनियाभर के कीड़े आते थे वहाँ, जमीन रुकती थी सो अलग"—बहू-बेटे कहते हैं। अब जमीन के उस मुरब्बे पर एक पतली-सी मीनार सरीखी यूनिट बन रही है जो किराएदारों को घर में लाएगी—कीट-पतिंगों और बेनाम-सुगंध को नहीं।

सिर्फ एक यही कमरा बचा है घर में पुरानी सुगंध वाला। बाकी घर तो शीशे-सा चमकता है इम्पोर्टेड फर्नीचर, गलीचों और जापानी एयरकंडीशनरों से ढका-ढकाया।

"तीन हफ्ते तक तुलसी का काढ़ा पिलाइस अम्मा जी हमका, एकदम गला-पेट गरम।" दुलारी दाई मासी की झुर्री भरी टाँगों पर मालिश कर रही है। दुलारी मासी की पुरानी मुसाहिब है। मासी के काढ़ों, लेपों और पुल्टिसों की इकलौती वारिस वही बची है। कभी-कभार वह मुझे मेरे बच्चों की बुनाई-कढ़ाई के लिए पिपरमिंट, गेंदें की पत्तियों, कपूर और गाय के घी से बने काजल की डिबिया लाकर देती है।

"बच्चे कहाँ लगाते हैं ये सब?"

"अरे दू धौल दो पीठ पर और लगवाओ भला। कैसन ही आँख उठी हो, सर पर खुसकी चढ़ी हो, दो बार आँज लो बस आरामै आराम।"

दुलारी मासी के इस सुगंध हरमसरा की खोजासरा है। खिड़कियाँ वह किसी को बन्द करने नहीं देती कि मासी का दम घुटेगा। हर शाम पाँच बजे वह लोबान जलाकर मच्छर भगाने का असफल प्रयास करती है। रात वह फर्श पर सोती है।

"हाय इस बार फागुन के बौर नहीं देखूँगी।" मासी निःश्वास लेकर अपनी दृष्टिहीन आँखें खिड़की के बाहर लगा देती है जहाँ उसका लगाया कलमी आम का बेडौल पेड़ अपनी वृहदाकार डालें पसारे हँस रहा है। आँसू दुलारी

की झुर्रीदार ठोड़ी तक बह रहे हैं।

"आम का अचार भी तो मैं ही बनाती थी। इन सबको फुर्सत कहाँ? सौंफ, कलौंजी लिख लो लाली, कागज उठा के—सौंफ, कलौंजी, हींग, काला नमक..."

हँफनी उठने पर मासी उठंग जाती है।

"छोड़ मैं बताती हूँ मिकदार। तू तो आम काटना तक नहीं सीखी दुलरिया।"

"रहने दे मासी अभी रहने दे—अभी तो नहीं पड़ता अचार...।"

"अरे बन जाता था तो कितने ले जाते थे आ-आ के। पेट दर्द को मुफीद काला नीबू हुआ—बहू...।"

"हाँ अम्मा...।"

"आम-नीबू का अचार धूप में रखाना न भूलना।"

आग्नेय नेत्रों से दुलारी और मासी को घूरकर बहू वापस कमरे में चली जाती है—शाम को उसके घर में बड़ी पार्टी है—वह अपने साड़ी-ब्लाउज सहेज रही है, अभी उसे ब्यूटीशियन के यहाँ जाना है, आइस और फूल मँगाने हैं, पर ड्राइवर है कि तब का गया। अमरीकी लोग वक्त के कैसे पाबन्द होते हैं। तभी बीच में नीबू-आम का अचार आ गया तो भड़केगी नहीं बहू?

"चलिए आपको छोड़ दूँ," वह कहती है—"यहाँ दुलारी है ही।"

"लाली, तू बैठी है? चाय पी?"

"पी ली मासी। अभी भाभी जाएगी तो घर तक छोड़ देगी। फिर बड़ी को डेंटिस्ट के पास ले जाऊँगी।"

"अरे डेंटिस्ट क्या करेगा निराला। अमरूद के पत्ते ले चार, सुना? चार। चार कटोरी पानी में पका के आधा कर ले। सेंधा नमक मिला के कुल्ला करा, कैसा ही दाँत का कीड़ा हो मर जाएगा।"

"हाँ मासी।"

"पारिजात। हाँ पारिजात, मालूम है लाली लक्ष्मी जी ने एक बार दिया था इन्द्र को पारिजात। इन्द्र ने फेंक दिया यूँ ही—लक्ष्मी को जो फनफना के गुस्सा आया—तो लुप्त हो गईं"—मासी का झुर्री भरा हाथ पारिजात को सहला रहा है।

"फेंक देते हैं—ऐसे...ही फेंक देते हैं री, लोग-बाग घर की लछमी के दिए को"—दुलारी सर हिलाती है—"सत्यवचन है अम्मा जी—सौ टके सच।"

"इन लोगों का भी मेरी तो कुछ समझ में नहीं आता", गियर बदलती भाभी कुढ़ी आवाज में कहती है। "दिनभर दोनों बूढ़ियाँ बेमतलब बोलती रहती हैं, बेमतलब की चीजें मँगाती रहती हैं—एकदम बिना समय के—बच्चों की तरह ड्राइवर हलकान हो जाता है पुरानी शहर के पंसारियों के यहाँ दौड़ते। अब तो मैंने समझने की कोशिश ही छोड़ दी है," वह तल्खी से कहती है।

"खाएँ अपने फूल-पत्ते और सूँघे अपने लौंग-तुलसी के काढ़े।"

वह हाथ उठाती है तो कीमती सुगंध का भभका आता है।

"अच्छी है न?" मुझे घर के आगे उतारती वह बच्चों की सी प्रसन्नता से कहती है—"नाम है इसका मा ग्रीफ—मेरा दुख...।"

रात देर गए फोन का घनघनाना अशनि संकेत है।

भाई फोन पर बताता है कि पार्टी के बाद मासी ने उन्हें पहचानना बन्द कर दिया। दुलारी गाँव चली गई तो दिक्कतें टूट पड़ीं, पूछने पर वह उनको जवाब नहीं देती थी। दवा दो तो होंठ भींच लेती थी। तकलीफ थी तो, पर किसी को पता नहीं कि कहाँ? दुलारी के गाँव खबर भेजी, पर वह पहुँची ही नहीं।

शायद इसी को मुक्ति कहते हैं। सुगंधों के बादल पर लेटी मासी ने जाने से पहले दुलारी को विदा देकर आखिरी बार गहरी साँस लेकर अपने कमरे की सारी गंधों को अपने नासापुटों से छुआ था।

और फिर उसकी साँस की डोरी कट गई।

कोठरी में लड़की

"दस बरस की पहाड़ी घर की लड़की है, और अब तक इसे बुनना नहीं आता? कैसी माँ हो? अरे, बुनने-पिरोने लगेगी ये मुन्नी तो जरा हीले से लगेगी, वरना दसियों किस्म की खुराफातें इसी उमर में...।"

यह वाक्य तो आधा ही छोड़ दिया गया, लेकिन बात जो गेंद की तरह टप्पे खाने पर आई, तो देर तक फुदकती-फँदकती कोठरी में मँडराती रही।

"मेरी लड़की ने तो चायदानी के लिए जो कढ़ाईदार कवर बुना है, देखो तो यकीन नहीं कर सकोगी कि एक बच्ची के हाथ का बना है। उसके स्कूल की नन्स जर्मन हैं, जर्मन! एक-एक फंदा परखती हैं चश्मा लगाकर...।"

"मेरी लड़की तो बेबी-फ्रॉक बुनने लगी है अब। खुद ऊन छाँटकर हमारे पड़ोस वालों की बहू के बच्चे के लिए उसने ऐसा बढ़िया फ्रॉक बुन निकाला है कि दाँतों तले अँगुली दबा लो! ऐसी सुडौल जाली बनाती है, जैसे फूल की पंखुड़ी...।"

बाद को माँ ने ये सारी बातें मुन्नी के आगे पल्ला झाड़कर बिखेर दीं।

"दस बरस की हो गई हो और अभी तक फ्रॉक की उधड़ी बखिया में सेफ्टीपिन लगाकर यूनिफॉर्म पहन लेती हो, बुनाई-सिलाई कुछ नहीं जानतीं, अरे, बुनने-पिरोने लगोगी, तो जरा हीले से...।"

मुन्नी की भूरी आँखों में जब माँ के मुँह से झड़ती इस नई जुबान पर विस्मय उभरा, तो माँ ने एक हलका झूठ भी चट गिठान लगाकर इसी तार से जोड़ दिया...।

कोठरी में लड़की

"मैंने तो आठ बरस में ही सलाइयों पर उलटे-सीधे और जाली के फंदे डालना सीख लिया था। शुरू में हाथ साफ नहीं था, पर अभ्यास करते-करते चार सलाई वाले मोजे भी बुनने लगी थी स्कूल में।"

मुन्नी को कोठरी में बिठाकर बुनना-पिरोना सिखाया जाने लगा है। हालाँकि इस बड़े से हॉलनुमा कमरे में बैठने वाली और लड़कियों की तरह चुलबुली मुन्नी अभी भी एकाग्र और तन्मय नजर नहीं आती। बाकी लड़कियाँ बड़े सलीके से दो जानूँ जाकर बैठती हैं। उनकी सलवारों के पौंचे शिष्टता से उनके टखने ढकते हैं, उनके हाथ एक सौम्य धीरज से ऊन के सुडौल गोले बनाते हैं, उलझी लच्छियाँ धीमे-धीमे सुलझाते हैं। उधर माँ की बिलल्ली मुन्नी है कि अपनी उटंग फ्रॉक गोद में उड़सकर हवाई जहाज की तरह टाँगें फैलाए बैठती है, और ऊन की उलझी लच्छी को वह उठाती है तो ऐसे, जैसे वह कोई जटादार बालों वाला गंधाता पिल्ला हो। उसके हाथ दूसरी लड़कियों की तरह नरम और सुघड़ता से कटे नाखूनों वाले नहीं। झड़बेरियाँ झड़ाते, मुंडेरों को मापते, ढेले फेंकते उसके नन्हे हाथ छोकरों जैसे भूरे और सख्त हो गए हैं। उसके नाखून बेतरतीबी से कटे हैं, और लड़कों जैसे बाल भी सेही के काँटों की तरह पीछे से खड़े रहते हैं, रोज चोटी गुँथाने के दर्दनाक झंझट से बचने को उसने एकबारगी से कैंची उठाकर अपनी एक चोटी काट ली थी, फिर दूसरी चोटी माँ को काटनी ही पड़ी थी, पर कुछ दिन बैठने के बाद जल्द ही कोठरी वालियों की समवेत राय बन गई कि लड़की बिलल्ली भले हो, जहीन तो है। एकबारगी से सलाइयों पर फंदे चढ़ाना-उतारना समझ गई और अब देखो, नमूने उतारना भी कैसे खटाखट सीख रही है।

दाँतों से ऊन की डोर कुतरती माँ उदासी से देखती है। मुन्नी होंठ भींचकर अपने सामने दोनों सलाइयाँ यूँ खटका रही है, जैसे चकमक पत्थर से आग जला रही हो। उसकी टाँगों पर झाड़ियों की खरोंचें अभी भी हैं। ये टाँगें कमरे में फिट नहीं होतीं। कमरे में बुनाई करती माँ भी अब तक कमरे में कहाँ फिट

होती थी? अलबत्ता बेटी के यूँ आ बैठने से उसे अब एक किस्म का साथ-सा मिल गया है। जब बाहर पानी के परनाले बहते होते हैं और पहाड़ों के पीछे से कोहरा और कोहरे के पीछे से अँधेरा घाटी में लुढ़कते चला आता है, तो जी घिरने वाली उस घड़ी में बेटी माँ के पैरों के पास बैठी-बैठी सलाइयों पर घर उतारती, गिराती, गिनती रहे, यह बुरा नहीं लगता।

घर की औरतें खुश हैं—"देखा, कहा नहीं था कि यह चटपट सीख लेगी बुनना भी। अरे, दिन भर, शाम भर लग्गी लेकर, ऐसे ऊँचे-ऊँचे फराक पहनकर अब पेड़ों पर लड़कों की तरह चढ़ना क्या? लड़की है, बड़ी हो रही है। ऐसे में कौन जाने, कब कोई बुरी नजर डाल दे...।"

मुन्नी सर ऊपर नहीं करती, पर वह माँ की सलाइयों की खटखट में एक ठंडा चुप्पा क्रोध भाँप सकती है। माँ जानती है कि इस तरह बैठना कितना भारी पड़ता है। वह यह भी समझती है कि भीतर पढ़ाई के कमरे में मुन्नी की अधपढ़ी किताबें उसकी आँखों के पीछे अभी भी लगातार कैसे फड़फड़ाती होंगी। और जब वह सोचती है कि होते-होते एक समय आएगा, जब मुन्नी उन किताबों के अधपढ़े पन्नों में कागज का कोना दबाना छोड़ देगी और एक दिन ऐसा होगा, जब वह सिर्फ दोपहर की नींद बुलाने को हाथ में कोई भी, कैसी भी किताब उठा लेगी, तो माँ की साँस रुकने लगती है।

सच कहें तो माँ को यूँ बेटी को जबरन बुनाई सिखाना एकदम नहीं रुचता। जब यही मुन्नी पेट के बल लेटी अपनी किताब में से परी-कथा या जोखिमभरी जासूसी कहानी का रस लेती होती है, उसकी आँखों में कैसी अद्‌भुत चमक होती है और उसके लगातार हिलते ऊर्ध्वमुखी टखनों में कैसी गजब की फुर्ती, जैसे अभी उनके बगल में देवदूतों जैसे दो पंख उग आएँगे, और वह अचरज लोक की ओर फटाफट उड़ान भरने लगेगी। जब मुन्नी एक पुराने झाड़न से पतिंगे पकड़ने को पिछवाड़े के जंगल में दौड़ती फिर रही होती है, उस वक्त भी तार पर कपड़े फैलाती माँ सुनती रहती है कि एक कैसी मीठी-शब्दहीन गुनगुनाहट उसके होंठों से खुद-ब-खुद झरने-सी फूटती रहती है। पर इन इस्पाती सलाइयों को टकटकाती उसकी बेटी ने अपना भोला बातून मुँह कसकर भींच

लिया है, और उसकी भौंहों पर भी दूसरों में मीन-मेख निकालने वाली एक परिचित और मगरूर झुँझलाहट गाँठ बनकर आ बैठी है। क्या एक दिन ऐसा आएगा, माँ अकुलाहट से सोचती है, जब मुन्नी के कसकर भिंचे इन होंठों के पीछे की गुनगुनाहट सतरंगे बुलबुले की तरह बैठ जाएगी, और फिर ये होंठ जब खुलेंगे, तो उनसे अपने नमूनों की वाहवाही और दूसरे की तबाही के चर्चे सौ-सौ पैरों वाले कनखजूरे की तरह रेंगते हुए बाहर चले आएँगे।

मुन्नी चुपचाप बुन रही है। माँ जानती है कि वह उपेक्षा का नाट्य करती हुई भी लगातार बड़ों की बातें सुन रही है, और भीतर-ही-भीतर जाने क्या-क्या सोच रही है। माँ देर तक उसके होंठों को पढ़ती रहती है, पर बेकार! मुन्नी का सोच-विचार होंठों के पीछे कसकर छुपता जा रहा है।

माँ को भीतर-ही-भीतर पकते ऐसे सोच से डर लगता है। जब उसकी मुन्नी खुले में उजड्ड बालों का जटाजूट धारे एक टाँग से दूसरी पर कूदती मुंडेर-दर-मुंडेर इक्कट-दुक्कट करती रहती थी, तो माँ कतई नहीं डरती थी। वह जानती थी कि इस दम उसकी बच्ची का पूरा ध्यान टखनों की पेशियाँ सिकोड़ कर मुंडेरों की ऊँचाई कूदने, आँगन के कोने-कोने की कच्ची पाली, पक्की पाली और सीढ़ियों की ऊँच-नीच गिनने और एक छलाँग से लकीर तक की दूरी अपनी साँस साधकर गुनने में ही जुटा हुआ होगा। जिस वक्त वह हल्ला-गुल्ला करती, बकरी के बच्चे की फुर्ती से घास में कुलाँचे भरती, झाड़ियों से फल झड़ा रही होती थी, उस वक्त भी माँ उस पर गुस्से का नाट्य भर करती थी। भीतर से वह निष्फिकर रहती कि मुन्नी का बातून मन इस वक्त पक्के फलों का गुच्छा ताकने, कुचली घासों की जंगली गंध सूँघने और लाठी थामे खटिक पहरेदारी की पदचाप भाँपने में मजेदार ढंग से लुढ़क-पुढ़क हो रहा होगा।

पर इस वक्त कोठरी में बैठी उसकी मुन्नी के झुके हुए सर के ऊपर जो बातें गर्द के गणों की तरह उड़-उड़कर इधर-उधर तैर रही हैं, माँ को उनसे खटिक की लाठी या पिंडली की गहरी खरोंच से, कहीं अधिक खौफ़ लगता है। माँ नहीं जानती कि चुपचाप ऊन के फंदों को चढ़ाती-गिराती उसकी बच्ची

इन उड़ती बातों को भीतर-ही-भीतर गुप्त नमूनों में लगातार कैसे गूँथती जा रही है। सीधे पर उलटा, उलटे पर सीधा, पिछले फंदे को अगले फंदे पर चढ़ाती हुई उसकी मुन्नी जाने कैसी-कैसी अँधेरी और ऊटपटाँग-सी गलियाँ टटोल रही हो?

"क्या सोच रही है?" आखिरकार माँ लाड़ से भेद लेने को पूछती है।

"कुछ नहीं, घर गिन रही थी।" होंठ फिर भिंच जाते हैं।

चुप्पी, मुन्नी सलाई की नोक पर एक जोंक की तरह हवा में कुछ तलाश रही है। एक घर नीचे फिसल गया है। मुन्नी दाँतों के बीच जीभ दबाए बड़ी तन्मयता से उसे बचाने में लगी है। कमरा अब खाली है। शाम घिर रही है।

दफ्तरों में मर्द और खेल के मैदान से लड़के घर लौटते होंगे। औरतें उनकी ताबेदारी को लौट गई हैं।

"अम्मा...?"

"हाँ लाल?"

अपने अनुभव से माँ को मालूम है कि दस साल का मन अँधेरी बन्द कोठरियों से किस रफ्तार से भाग सकता है। वह जानती है कि कोठरी में कई कथाओं के कई सूत्र किस तरह ऊनी गिठानों में उलझकर एक अजीब बीहड़ चुभनभरा आवरण बनाते हैं और धूसर रंग की सूँस के थूथन जैसी इस्पात की ये सलाइयाँ घरों, गिठानों की टोह लेते-लेते उनको लेकर जाने क्या-क्या उधेड़बुन रच सकती हैं। माँ का मन करता है कि वह मुन्नी के हाथ की बुनाई छीनकर दूर फेंक दे और उसे घुमन्तू फिरने को छुट्टा छोड़ दे फिर से। वह बाग, बगीचा, झरना, तालाब, पेड़ों की उगालें, काँटेदार झाड़ियाँ, जो चाहे मापे और फलाँगे। ये चुभन भरी, उलझी-उलझी लच्छियाँ, ये ठंडी लोहे की सलाइयाँ, दीवारों पर टँगे सलमा-सितारे जड़े निरन्तर मुस्कराते देवी-देवता, ग्वाल-बाल, ये सब किस दिशा में मुन्नी को न्योत रहे हैं, वह माँ बखूबी जानती है। बरसों से वह खुद बढ़ती रही है उस ओर।

पर दस साल की लड़की? आधी बच्ची, आधी...? उसे छुट्टा एकदम बाहर ऐसे ही छोड़ना ठीक होगा? माँ हिचकिचा जाती है।

माँ का आधा मन कहता है कि काश, वह अपनी माँ जैसी होती। तब वह अपने आँचल के छोर से अपनी लड़कियों को जन्म से लेकर ब्याहने तक इसी कोठरी में, यूँ कसकर, बाँध-बिठा रखती, जैसे वे पुश्तैनी चाबियों का कोई दुर्लभ गुच्छा हों।

वह और उसकी बहनें तो कोठरी से उठाकर बाहर लाई जाती थीं तो ब्याह करने या पुष्पा की तरह प्रेमी के साथ भाग...

"माँ...!"

"क्या लाल?"

"वैसा वाला भागना क्या होता है?"

"कौन-सा बच्चे?"

"पुष्पा मौसी वाला?"

दो बेढंगे-बेडौल फंदे माँ की सलाई की ठंडी नोक से टपकने को आते हैं।

"वो क्या कहते हैं, देख—तेरी बक-बक में घर गिरने को है सलाई से।"

दो गदबदी बाल-अँगुलियाँ गिरते घर छूती हैं—"माँ, दया पुष्पा मौसी की शादी हो गई? मैंने क्यों नहीं देखा उन्हें?"

"हाँ। वो और मौसा जी दूर रहते हैं।"

"ओ। और माँ, तो क्या मौसा जी की भी शादी उनसे हो गई?"

"साथ-साथ दोनों की हुई ना?"

"तब फिर भाग करके शादी करना खराब क्यूँ है?"

"खराब नहीं, पर पहले सबको बता के करनी चाहिए ना शादी...।"

"क्यों? शादी तो उन दो की हुई ना?"

"अब रहने दे, अभी से बड़ों जैसी बातें मत कर, तू बड़ी होगी, तो खुद समझ जाएगी।"

ऊन, सलाई और नमूने सँभालती माँ अपने आपको इस कोठरी में दीवारों के बीच कतई असहाय, कातर और झूठा महसूस करती है। मुन्नी फिर बात नहीं उठाती, सर झुकाए बाहर चली जाती है, पर माँ जानती है कि उसका तर्रार दिमाग अब रात-भर उन उलझी बातों के टुकड़ों में रंग मिलाते हुए,

गुप्त तसवीरें-नमूने बनाने-बिठाने में जुटा रहेगा। इस कोठरी से निकली दुनिया उसकी बच्ची के साथ आगे दूर तक चली जाएगी, जैसे कि फैक्स मशीन पर लाइन-दर-लाइन खबरों की इबारतें उभरती जाती हैं, बिन्दु-बिन्दु चेहरे सामने आते रहते हैं। माँ के चाहने, न चाहने से कुछ नहीं होगा।

माँ का मन करता है कि मुन्नी का हाथ पकड़कर उसे इस घर के बाहर खुले में ले जाकर खड़ा कर दे। वहाँ, जहाँ वह हमेशा की तरह उससे साफ बेझिझक जुबान में ऐसे ठोस सवाल पूछ सकेगी, जिनके जवाब माँ ईमानदारी से उसे दे सके, पर अपने मन में हमेशा डगमगाती माँ को यह भी लगता है कि वैसा कर पाने की ताकत या भरोसा खुद उसमें कहाँ है? उधर वक्त तेजी से गुजर रहा है और उसकी मुन्नी घड़ी-घड़ी अपने जीवन की उस विराट सच्चाई के पास लगातार आती जा रही है, जिससे पूरी तरह रू-ब-रू होने के बाद औरतों के पास झूठ बोलने या दर-ब-दर हो रहने के अलावा कोई तीसरा चारा नहीं रह जाता।

घर

नौकरी शुरू करने के पूरे बीस वर्ष बाद वह इस शहर में आ रही थी। बस तो जल्दी आ गई थी, पर काफी देर रास्ता टटोलने में ही लग गई। पहले बस स्टॉप और घर के बीच एक बंजर फुटबाल फील्ड, कचड़े के घूरों और बेशुमार गड्ढों से भरी एक सड़क हुआ करती थी। अब वहाँ लगभग एक से चौकोर खाके के और बेमेल रंगों में पुते हुए बेहिसाब नए-नकोर मकान उग आए थे। कुछ मकानों में आधी छूट गई सीढ़ियाँ-जँगले अलबत्ता बताते थे कि कुछ बनाने वालों की सामर्थ्य अधबीच में ही चुक गई थी। सभी मकानों के हातों में धोबी घाटों जैसा नजारा था। आड़े-टेढ़े बँधे तारों पर बेहिसाब सूखते कपड़े, जिनके चलते न पेड़-पौधे दीखते थे, न घास। गलियाँ कूतना तो और भी कठिन था। जैसे-तैसे दो-तीन लोगों के आँगनों से क्षमायाचना समेत गुजरने के बाद, दोपहर की नींद ले रहे चार-छह कुत्तों को चौंकाते हुए, घर की गली का छोर उसे पकड़ में आ ही गया तो उसकी चाल यकायक धीमी पड़ गई। बेहद चोर कदमों से उसने आँगन में पैर रखा, जहाँ तीस वर्ष पहले बहू बनकर उसने प्रवेश किया था। घटना का साक्षी पुरखों के जमाने से बना तुलसी का चौरा आज भी मौजूद था।

एक बेंत के मोढ़े पर उसकी सास अपने पोते को बोतल से दूध पिलाती बैठी थीं। पास में रखी थालियों में बड़ी-मुंगौड़ी धूप खा रही थीं। सास उसे देखकर कुछ विस्मित-सी हो गईं। उम्र के थपेड़े उनके चेहरे पर भी साफ पढ़े जा सकते थे। बहुत होते हैं बीस वर्ष। पूरी दुनियादारी समेटते हुए सास

ने चेहरे पर एक पतली स्वागती मुस्कान खिला ली : "आओ-आओ! आज इतने सालों बाद घर में तुम्हारे चरण पड़े।" बच्चे को सँभालते उन्होंने कुछ उठने का नाट्य-सा भी किया, फिर उसके चरण छूने के बाद उसे दूसरा मोढ़ा दिखाकर पुन: बैठ गईं। "कैसी हो? श्रुति कैसी है? आज घर पर कोई था नहीं तुम्हें लिवाने जो बस स्टॉप जाता। फिर हमने भी सोचा कि बस के तो टाइम का ठिकाना नहीं रहता। और तुमने भी इस घर का रास्ता थोड़े ही बिसराया होगा।" सास की उस तिर्यक् मुस्कान में चिरपरिचित श्लेष था।

उसे क्षण भर को कुछ अजब-सा लगा। उसकी लम्बी यात्रा के तमाम प्रमाण उसके झोले, हाथ में थमे बैग और पस्त लग रहे चेहरे पर साफ दीखते ही होंगे। क्या भीतर ले जाने की बजाय उसे यहाँ यही सब कहने के लिए बिठा लिया गया? फिर वह सवाल बिला गया। "अच्छी हूँ," उसने भाव-शून्य हलके स्वर में जवाब दिया, "श्रुति भी ठीक-ठाक है।"

छाया की सास उम्र में उससे शायद पाँचेक वर्ष ही बड़ी होंगी। विपिन से उसकी शादी होने के कोई साल भर पहले छाया के श्वसुर जी एक युवा पत्नी को एक दिन अचानक ब्याह कर ले आए थे। अचानक यूँ कि एक लम्बे अरसे तक विधुर रहकर ही उन्होंने बड़े जतन से विपिन को पाला था। पर अब बेटा दूर कॉलेज में था। अकेलापन खलता होगा। लोगों ने कहा, चलो अच्छा हुआ, कोई औरत का रँड़ापा तो था नहीं, जो रो-पीट के अकेले ही काटना होता। बुढ़ापे का साथ मिल गया अब बेचारे को। बेटे का क्या? कल को बहू आएगी, तो मियाँ-बीवी अपना रास्ता ना लेंगे?

वैसे कोई तर्क पर उतरता तो कह सकता था कि विपिन की नौकरी तो इसी शहर की थी। फिर छाया के अपने मायके में भी कोई नहीं था, सिवा मामा-मामी के। अलग रास्ता तो वे क्या ही नापते? पर महज तर्क के बूते ये सब काम कौन करता है? फिर छाया की बेटी के जन्म के साल भर बाद ही उसकी नवोढ़ा सास ने दनाक से एक पुत्र को जन्म दे दिया था। वह श्रुति से भले साल भर छोटा ही था, पर था तो घर का बेटा। जन्म से अपना पैदाइशी हक लेकर आया था। अलबत्ता पीढ़ियाँ उस घर में अब काफी गड्ड-मड्ड-सी

हो गई थीं : बूढ़े श्वसुर, एक हमउम्र सौतेली सास, बेटी की उम्र का देवर। लेकिन सास की समझदारी से पैतृक वंश के हल की लीक जमीन पर बड़ी जल्द बड़ी साफ और स्पष्ट तरह से खींच दी गई। कुछ दिन सब लोग भले संकोच से नजरें चुराते, हकलाते रहे पर जब सब सामान्य हो गया तो सास ने बड़ी आक्रामक तेजी से रो-धोकर वकील बुलवाया और पुश्तैनी मकान की वारिसी की बिसात पर अपने नवजात का कानूनी हक बड़े बेटे तथा पति दोनों के हाथों से लिखवाकर बक्से में रख लिया। जब बड़ा बेटा कम उम्र बेवा और एक नन्ही बेटी छोड़ गया, उस वक्त तक पैतृक सम्पत्ति में छाया या श्रुति के हक की चर्चा तक जरूरी नहीं रह गई थी। दिन के उजाले की तरह साफ वसीयत में मिताक्षरी कानून स्याह-सफेद बनाकर पहले ही रख दिया गया था। पैतृक सम्पत्ति तो पिता के बाद बेटे को और उसके बाद बस उसके बेटे को ही जाती है न? और अब तो आगे कर हक लेने उसका भी बेटा भी आ चुका था। दूध की बोतल खत्म करा के सास ने तृप्ति से पोते का मुँह चूमा—"शाबास राजा बेटा।"

छाया चुपचाप बैठी रही। कहने को था ही क्या? तब या अब? लगभग हमउम्र सास से रू-ब-रू होकर उसने पहले अक्सर सोचा था कि क्यों न वे दोनों आपस में कुछ-न-कुछ बातें करें। साझा यादों से कुछ ममत्व भी उपजे, एक साथ जिये जीवन की अन्तरंगता की ध्वनियाँ जगमगा उठें। पर जाने क्यों, जब-जब ऐसे मौके आते थे, तब-तब उसकी सास चिन्तातुर चेहरा बना जटिल मौरूसी जमीन-जायदाद के हकूक, आर्थिक तंगी, और नन्हे बेटे के भविष्य को लेकर सस्वर बिसूरने लगतीं। और देखते-देखते जाने क्यों उसे अपने भीतर सब कुछ एक बार फिर ठंडा, बेगाना और पथराया-सा लगने लगता।

इस वक्त भी कुछ देर पहले वह घड़ी कौंधी थी, जब छाया का मन किया था कि स्नेह से पूछे कि घर की बहू इस नन्हे बच्चे की माँ कहाँ हैं? कि इसका नाम? फिर याद आ गया कि कभी सुना था बहू पास के बच्चों के स्कूल में पढ़ाती है। ठीक भी है, घर अपना है, पीछे सास हैं बच्चा खिलाने को, एक और तनख्वाह आ जाती होगी तो बुरा क्या है? पति-पत्नी दोनों के

कमाने से घर में समृद्धि के लक्षण भी नजर आए थे। सास के हाथों में सोने की नई चूड़ियाँ थीं। रंग-रोगन होके घर भी कइयों से अच्छा लगता था। शायद अब तो इनका बिसूरना कुछ कम हो गया होगा उसने सोचा ही था कि तभी सास का परिचित तराना शुरू हो गया।

सुबह-सुबह इसकी माँ और बाप काम पर चले जाते हैं। तब से रात तक इसके पीछे उनको चर्खी की तरह नाचना होता है। आसान नहीं है बच्चे पालना। घर में बैठने वालों को कोई काम कम होते हैं? एक छोटी लड़की जब कहीं से आई और दुलारती हुई बच्चे को ले गई तो ही यह लम्बा मोनोलॉग थमा। सास उठती हुई बोलीं, चलो अब जाके टहलुवा आ गई तो जरा वह भी कमर सिधा सकेंगी। चले, छाया भी चले, भीतर हाथ-मुँह धो ले। अभी वे चाय भी बनाती हैं। वकील साहब तो शाम तक ही आएँगे।

झोला-बैग उठाती छाया ने सास के इंगित किए बिना भीतर की उसी छोटी अँधेरी कोठरी की ओर कदम बढ़ा दिए, जहाँ पति की मृत्यु से लेकर बाहर शहर में नौकरी पाने तक, वह सालेक तक अपनी बच्ची को लेकर रही थी। उसकी जगह आज भी वहीं तै थी। वह रहने को आए, या कि आज की तरह सिर्फ डेवढ़ी छूकर दस्तावेजों पर जरूरी दस्तखत भर करने।

सास रसोई में घुसकर व्यस्तता का नाट्य करने लगी थीं। सामान रखकर छाया ने उस अँधेरे, उदास कमरे को ध्यान से देखा। वहाँ कुछ भी बदला न था हालाँकि इधर-उधर के अन्य कमरों का रंगरोगन, पर्दे और फर्नीचर सब नए और खूबसूरत हो गए थे। एक जगह उसकी नजर रुक गई, जहाँ दीवार पर उसके पति के साथ उसका पुराना फोटो जाने क्यों अभी भी टँगा हुआ था। कितनी छोटी लगती थी तब वह और कितनी घबराई भी। शरीर पर वही जेवर थे जिन्हें बेच-बूचकर वे दोनों माँ-बेटी घर छूटने के बाद तब तक अपना सर पानी से ऊपर रख पाई थीं, जब तक उसके पति के जीवन बीमा की राशि नहीं मिली, और उसकी नौकरी पक्की नहीं हो गई थी।

सास हाथ में चाय का प्याला लिए कमरे में आ गई थीं। उनकी तीखी नजरें उसके बैग की दशा और आकार से अनुमान लगाने की कोशिश कर

रही थीं कि उसकी माली हालत क्या है, और उसका यहाँ कितने दिन रुकने का इरादा है। शक्की मिजाज थीं। खत पाकर उसका यूँ अचानक आ जाना शायद उन्हें खास पसन्द भी न आया हो। लेकिन इस बार तो गरज उन्हीं की थी। राइट ऑफ अटॉर्नी के कागजों पर उससे गवाहों की उपस्थिति में दस्तखत लेना जो था। घर से जुड़ी कुछ जमीन बेची जा रही थी शायद। न उसने पूछा कि किसे, और कितने में और न ही उसे बताया गया। उसका दाय था सिर्फ बताई गई जगह पर दस्तखत कर देना, बतौर विपिन की बेवा के।

उसे फोटो की ओर ताकते देखकर सास ने चाय का प्याला उसे थमाकर पल्ला आँखों से छुला लिया और बोलीं, "अरे क्या बताऊँ, तुम लोगों का ये फोटो देख के कैसी तो रुलाई छूटती है। कलेजा चाक हो जाता है। वो तो सन्त, था सन्त तभी भगवान ने इतनी जल्दी बुला लिया। देखो ना, जाते-जाते भी जीवन बीमा की मार्फत तुम दोनों का प्रबन्ध भी करा ही गया। ईश्वर तेरी माया!" चाय का प्याला थामे मन्त्रविद्ध-सी वह सास के मुँह से निर्झर झरने सरीखी बहती बातें सुनती रही, जिनका सोचो तो कोई मतलब ही नहीं था। "तुम इस फोटो को ले ही जाओ इस बार। बिचारी श्रुति भी अपने बाबूजी को देख लेगी रोज़ सुबह उठकर। एकदम उन्हीं पे तो गई है। एक बार एक कॉन्फ्रेंस में टी.वी. पर देखा था हमने। रो पड़ी मैं तो। बिलकुल विपिन जैसा माथा है, वही आँखें।"

"लल्ला नहीं दिख रहे?" छाया ने यत्न से धीरे-धीरे कहा। गला यूँ भिंच गया था, जैसे कमरे में धूल-ही-धूल भरी हुई हो।

"वो गया है वकील साहब के यहाँ कागज ले के। इधर शहर में तो हरिद्वार वाले कोई सन्त आए हैं न। सुना है दो हफ्ते नियमित प्रवचन होगा। आजकल वकील साहब वहीं रहते हैं पूरे दिन। सुधीर शाम को ले आएगा उनको, वर्ना मौजी आदमी हैं। आएँ या नहीं क्या ठिकाना? हमने सोचा तुमको भी वापस जाने की जल्दी होगी। श्रुति अकेली ठहरी वहाँ।" सास की दृष्टि उसका इरादा ताड़ने में लगी थी। "है कि नहीं?"

"जी।" फिर चाय की चुस्की लेकर उसने सास से कहा—"अच्छी चाय है।"

"क्या अच्छी? चूरा चाय ही है यहीं की।" फिर रुककर कुछ सोचती हुई-सी सास जो बोलीं, उसका सार यह था कि वे जब ब्याह के लाई गई थीं तो सुना था कि पहले हम लोगों के कुछ चाय के बगीचे भी थे। पर विपिन की पढ़ाई पूरी कराने को मेरी शादी तक वो भी बेच दिए गए थे। तब से अब तक तो मोटा-झोटा ही खाया और पहना। क्या फायदा बढ़िया चाय की आदत डालने का?

छाया जानती है, विपिन पर अपने पति द्वारा दूसरे विवाह से पहले किए गए खर्चों का यूँ हवाला देकर सास छाया के साथ किए गए अन्याय पर चादर डालना चाहती हैं। पति की मृत्यु के बाद जो समय उसने अपनी बेटी के साथ यहाँ गुजारा, उस दौरान भी इस लगभग अनपढ़ कस्बाती स्त्री की घरेलू कूटनीति के ऐसे कई विलक्षण पहलू उसने बार-बार देखे थे। नन्ही श्रुति का भोला चेहरा उसकी आँखों में उतर आया, जब वह घर के कामों में लगी माँ का आँचल थामे, मुँह में अँगूठा डाले दिन भर पीछे-पीछे घूमती रहती। उम्र से पहले ही बहुत समझदार हो चुकी अपनी उस बेटी का कभी भी जिद न करना, छाया को उसे उसके ठुनकने-रोने से कहीं अधिक कष्ट देता था। सास तो उन दिनों भी माँग-पट्टी करके गोद में अपना बेटा लिए, एक मूढ़े पर बैठी व्यस्तता और असहनीय दुख से विगलित होकर कामकाज में अवश होने का नाट्य करती रहतीं। औरतों के झुंड भेंट करने आते तो आँखों पर आँचल धरकर वे बिखरने लगतीं। "जवान बेटे को जाता देख लिया, अब क्या रह गया और बाकी हमें देखने को?" वे कहतीं। फिर छाया और श्रुति की सहनशीलता के गुण गाने लगतीं : "इसकी तो बोलती ही गुम हो गई है मानो। वो तो कहो काम में अपने को डुबो ले तो, मन थोड़ा बदल जाता है। जभी मैं करने भी देती हूँ थोड़ा-बहुत बीच-बीच में।" फिर उसाँस छोड़ के वे कहतीं—"इतनी बड़ी उमर पड़ी है, और सिर पर लड़की का बोझ।"

मेहनत करने और घर में खटने से उसे खास तकलीफ न थी। और शायद छाया नौकरी पकड़कर घर से दूर जाने का मन भी न बनाती, यदि इतनी बार सुना-सुनाकर उसके जीवन और श्रुति को एक 'बोझ' न कहा जाता। एक

दिन रात को उसकी नींद खुली तो उसने पाया कि श्रुति का नन्हा दुर्बल शरीर रुलाई से हिल रहा है। अगले दिन वह रोटी बेल रही थी तो उसने फिर आटे की नन्ही लोई से खेलती श्रुति को अपनी गुड़िया से बुदबुदाते सुना था—"तू बोझ है बोझ! बिच्चारी!" तभी उसने ठान लिया था कि यूँ इन लोगों की आश्रित होकर उनको वहाँ नहीं रहना चाहिए। अगले दिन उसने बहुत हिम्मत जुटाकर ससुर से जिक्र किया कि शादी से पहले वह जिस स्कूल में पढ़ाती थीं, वहाँ उसे फिर से नौकरी मिल सकती है। श्रुति का भी वहीं दाखिला करवा लेगी।

लम्बी चुप्पी के बाद उसाँस लेकर उन्होंने कहा था—"जैसा चाहो करो।" फिर जिस तत्परता से बिना सुर-ताल के, उसकी नौकरी की अर्जी दिला, उसे स्वीकृत करवा और उनका अल्प-सा सामान बाँध-बूँधकर उन दोनों माँ-बेटी को अगले दिन शहर रवाना कर दिया गया, उससे साफ था कि उसका निर्णय कठोर सही, पर उचित और सामयिक था। ससुर उसे बस टुक-टुक जाता देखते रहे, सास ने अलबत्ता गले मिलकर रोने-दुलारने का पूरा नाटक शुरू से अन्त तक निभाया। क्योंकि उन्हें पता था कि अगल-बगल के मकानों से कई जोड़ा आँखें जवान बेवा बहू और उसकी पितृहीन बच्ची की यह रुखसती देख रही हैं।

कुछ वर्ष बाद ससुर की मौत की खबर आई तो कॉलेज में बोर्ड की परीक्षाएँ चल रही थीं। उसने संवेदना का एक पत्र भर देवर के नाम पठा दिया था। उसे मालूम था, उसके वहाँ जाने का नितान्त गलत अर्थ लगाया जाएगा, जबकि उसके लिए अब तक वह सब धूल समान बन चुका था और सास के नाटकों से उसे विरक्ति होती थी। बाद में सास की श्लेष-व्यंग्य भरी कुछ उक्तियाँ उड़ती हुई उसके कानों में पड़ीं तो, पर वह अब तक पथरा चुकी थी। सुधीर की शादी हुई तो भी उसने जाने की बजाय एक अच्छी रकम का चेक भेज दिया। उसे मालूम था कि उन दोनों से ज्यादा स्वागत उस चेक का होगा। हुआ भी। सुधीर के बेटा हुआ तो उसने एक अन्य चेक भेज दिया था। बस।

"इस बार बहुत दिन बाद याद आई तुम्हें हम सबकी।" सास ने आँचल से पान मसाले की पुड़िया निकालकर उसे दिखाई। छाया ने मना किया तो

उन्होंने स्वयं फंकी मार ली। "इतना पुड़ाना मकान हो गया है ये अब, कि खर्चे पर खर्चा माँगटा है।" यह मकान तो है आपके बेटे और पोते के सर पर, हम माँ-बेटी के पास तो सालों तक दो किराये की कोठरियाँ थीं, उसने किंचित् तटस्थ क्रूरता से सोचा।

"चलो श्रुति पढ़-लिखकर खूब लायक निकल आई तुम्हारी।" सास ने मानो उसके मनोभावों को ताड़ लिया। "अब तो तुम लोगों का अपना फ्लैट है, श्रुति भी डॉक्टर हो गई। बिना दहेज दसियों रिश्ते आ जाएँगे। दुनिया का नियम है दुख के बाद सुख आता है। मेरी माँ कहती भी थी कि धीमे-धीमे इल्मारी के सब खन्ने भर जाते हैं।"

लेकिन क्यों हम एक-दूसरे के साथ-साथ दुखी और सुखी नहीं हो सके? क्या तुम्हारे, तुम सबके सुख के लिए, हम माँ-बेटी की इस घर से बेदखली ऐसी जरूरी थी? उसने सोचा, पर कहा कुछ नहीं।

कमरे में अजीब-सा सन्नाटा छा गया। पाखंड की चाशनी का तार एक हद से ज्यादा खींचा भी तो नहीं जा सकता। चिपचिपी-सी खामोशी को तोड़ते हुए कुछ देर बाद कहीं फोन की घंटी बजी। सास जैसे छूट भागीं। चुप्प बैठी वह भीतर उन्हें दबे स्वर में फोन पर बतियाते सुनती रही। बातों से लग रहा था कि कोई उनसे किसी सामाजिक उत्सव में आने का अनुरोध कर रहा है, और वे टाल रही थीं। "एक आफत जो है मेरी जान को," वे कह रही थीं, "मुन्ना तो तुम जानती हो मुझे छोड़ता नहीं, इसके माँ के दफ्तर में ऑडिटिंग चल रही है, सुबह की निकली शाम तक आती है। तिस पर घर में मेहमान..."

मेहमान शब्द मछली के काँटे की तरह छाया के भीतर धँस गया। एक बार उसने सोचा भी कि उठकर धीरे-धीरे चलती हुई बाहर निकल जाए, और देर तक सड़कों पर घूमती हुई कुछ घंटे गुजारकर अगली बस पकड़कर वापस चली जाए। उसे एक लम्बी कथा जैसे वे वर्ष एक-एक कर याद आने लगे, जो उसने और श्रुति ने कितने कष्ट और तंगहाली में इन लोगों से बिना किसी तरह की माँग किए बिता दिए थे। न उन्होंने माँगा, न इन्होंने कभी पूछा कि क्या कुछ जरूरत है? विपिन की आँखें मुँदते ही वह घर उनके लिए एक

ऐसा प्लेटफार्म हो गया था, जहाँ से उनको जल्द-से-जल्द कहीं दूर ले जाने वाली गाड़ी के आने का सबको इन्तजार रहता था। बच्ची होते हुए भी श्रुति उस उम्र में भी, माँ के कहे बिना यह बात जान गई थी।

कभी सालों बाद शायद उसकी बेटी अपने बच्चों को उन दिनों की वह अकथ कहानी सुनाएगी। शायद नहीं। हर घर की कुछ कहानियाँ ऐसी भी होती हैं जिन्हें माँएँ अपने बच्चों को कभी नहीं सुनातीं। बच्चों को तो वे कथाएँ सुनाई जाती हैं न, जिनमें बिछुड़ों का मिलन होता है, सत्यवादी को राजपाट मिलता है, और झूठे को बनवास। ये कहानियाँ जानने के बाद बच्चों का बचपन पाला मार गए फूल की तरह कुम्हला जाता है। जैसा श्रुति के साथ हुआ। तब से अब तक वह उतनी ही चुप्पी, असम्पृक्त और भावशून्य रही आई है जैसी छाया।

उस जैसी माँओं और बेटियों की कहानियों के लिए नानी की कहानियों में भी जगह होती ही कहाँ है? शायद यही अच्छा है। इतना घना दुख एक कहानी की शक्ल में भी अपने बच्चों के आगे, बच्चों के बच्चों के आगे कौन दोहराना चाहेगा।

माँ के फोन रखने तक सुधीर भी आ गया था। घर की समृद्धि सुधीर की देह पर भी झलकती थी। उसका कैश्मीलॉन का चमकीला स्वेटर तोंद पर तना हुआ था। उसको देखकर सुधीर के चेहरे पर हलकी प्रसन्नता झलकी। "चलिए, आपको हमारी याद तो आई।" उसने एक हलके फिल्मी अन्दाज से कहा, पर उसके सुर में भी सच्चा उलाहना न था। छाया बाहर की बैठक में उसके साथ निकल आई। अब तक सुधीर की बहू भी आ गई थी। चमकीली साड़ी, चमकीली लाल बिन्दी और बालों को समेटे मखमल का झालरदार इलास्टिक जिसमें चमकीले सुनहरे मोती लटकते थे। एक फिल्मी तर्ज में झेंपकर नाट्य करते हुए उसने उस जेठानी के पैर छुए, जो उसकी माँ से भी कुछ बड़ी ही होगी।

"बड़ा प्यारा बच्चा है।" छाया ने सन्नाटा और फिल्मी पारिवारिकता को तोड़ने के लिए कहा। "हूँ।" सास ने बस इतना ही कहा। वे छाया के हाथ की चूड़ियाँ देख रही थीं—"मशीन कट हैं ये वाली, देख।" उन्होंने बहू से

कहा—"यहाँ ऐसी फाइन कारीगरी नहीं होती। दिल्ली से ही ली होंगी।"

"हाँ," कहते हुए छाया की आवाज में निरीहता भर आई। दरअसल वे सोने के पॉलिश वाली गिलट की सस्ती चूड़ियाँ थीं। श्रुति की सहेली ने कभी किसी प्रदर्शनी से लेकर उसे प्रेजेंट कीं और आते वक्त उसने हाथों में डाल ली थीं। उसका मन जाने क्यों नहीं किया कि वह सब इनको बताए। फर्क ही क्या पड़ना था?

नौकरानी आकर बच्चे को माँ को सौंपकर चल दी। "जा रही हूँ," उसने लापरवाह स्वर से कहा। "सुबह टैम पर आइयो, आज तू फिर लेट थी।" सास ने कहा, और बताने लगीं कि "ये पार्ट टाइम ही है। जरा हाफटाइम हाथ बँटा देती है। वैसे न खाना पका सकती है, न कपड़े इस्तरी कर पाती है। पर बच्चे के पीछे भाग-दौड़ को एक जना पक्का चाहिए ना। इस पर भी तनख्वाह पूरे पाँच सौ लेती है, और साथ में खाना। गरीब घर की लड़की है, सात भाई-बहन हैं, हम सोचते हैं, चलो एक की जिम्मेवारी हमीं ने उठा ली।" आखिरी बात बोलते हुए सास का चेहरा आत्मगौरव से उद्भासित हो गया था।

फिर वे गौरव से ग्लानि की गली में घुसीं।

"ये लोग सोचते हैं, बच्चे ऐसे ही पल जाते हैं। है न ये बेकार की बात। ऐसे ही घर-गृहस्थी थोड़ी छोड़ी जा सकती है नौकरों के सहारे, जैसे कि माँ-बाप पर। हम लोग कितने दिन को हैं? मैं कहती हूँ कि अब थोड़ा-थोड़ा करके जिम्मेदारी बाँटना, पैसा बचाना, ढंग से खर्चना सीखो तुम लोग भी। अभी क्या खर्चे देखे हैं तुमने, अभी तो पल्लू को स्कूल का दाखिला कराना होगा। फिर फीस, फिर यूनीफार्म। अपनी श्रुति दीदी जैसी ऊँची नौकरी पानी हो तो ऊँची पढ़ाई भी तो करनी होगी। और जितनी ऊँची पढ़ाई उतनी ऊँची फीस। क्यों?"

छाया ध्यान से उन सबकी बातें सुन रही थी। उसके पास भी कहने को बहुत कुछ था। पर वह इस सबसे कहीं फर्क, बड़ा त्रासद, डरावना और बेडौल था। यूँ भी उसे बिना पूछे गए अपने बारे में बात करने की आदत ही नहीं थी। उसे यह भी लगा कि उसके बैठे होने से उन लोगों को उसके बहाने

एक-दूसरे से अपनी वे बातें करने की सुविधा मिल रही थी, जो वे वैसे नहीं कर पाते। यही सब सोचकर वह चुप बैठी रही।

सास उसी नक्की स्वर में गृहस्थी के नित्य बढ़ते खर्चों की दैनन्दिन फेहरिस्त प्रस्तुत कर रही थीं। सुधीर और उसकी पत्नी के चेहरों की ऊब से साफ था कि यह रोज का प्रसंग था। खर्चों के बारे में यह तहरीर सुनते हुए छाया को श्रुति का बचपन याद आया। दोनों माँ-बेटी तब छह मील चलकर रोज स्कूल जाती थीं। ध्यान बाँटने को वह श्रुति से रास्ते में चलते हुए पहाड़े और कविताएँ दोहराने को कहती थी। सीढ़ियों पर बल्ब लगाना या धोबी से कपड़े इस्तरी कराना तब उनके लिए एक अकल्पनीय फिजूलखर्ची थी। पर उस वक्त भी यह घर उनके लिए एक बन्द दरवाजा ही बना रहा। न किसी ने उन्हें याद किया न उन गर्वीली माँ-बेटी ने कभी दस्तक दी। कॉलेज में, जहाँ वह पढ़ाती थी, अन्तर्राष्ट्रीय महिला दिवस या वार्षिकोत्सव के दौरान जब कभी छात्राओं के लिए महिलाओं के अधिकारों पर कार्यशाला वगैरह कराई जाती तो उनमें महिलाओं के साम्पत्तिक अधिकारों की बुलन्द चर्चा भी शामिल होती थी। पर कुछ लोग ऐसे स्वाभिमानी भी तो होते हैं, जिन्हें यदि सहज प्रेम के तहत अधिकार नहीं मिलते तो वे स्वाभिमानवश उन्हें कभी किसी से माँगते ही नहीं। वह कहना चाहती थी पर कभी कहा नहीं। स्टाफ रूम या कॉलेज की उन गोष्ठियों में यह सब कहना नादानी ही तो होती न, जहाँ नारीवाद के आक्रामक नए जुमलों से लैस उसकी सास जैसी औरतों के पढ़े-लिखे संस्मरण भी अक्सर पैसा जोड़ने और बदला लेने पर ही चकर-बकर करते रहते थे।

परिवारों में शान्त सहज प्रेम या शब्दहीन गर्वीले स्वाभिमान की चर्चा की ऐसी गोष्ठियों में शायद हाशिए पर भी जगह नहीं होती। उसे लगता बहुत कुछ है, जो अधिकार और हाहाकार के इन तमाम चर्चों के बाद भी छूट जाता है। कुछ है तो होना चाहिए, पर उसे होने, पनपने देने का मतलब है, शब्दहीन धीरज साधना। सत्य जैसे कठोर गुरु की साधना करना। त्याग की गरिमा। बिना किसी कॉलेज में दाखिला लिए उसकी सास मानव स्वभाव की इस विलक्षणता का दोहन बखूबी जानती थीं। "देखो, लोगों के कहे का बुरा मत

मानना," उन्होंने समझाते हुए कहा था। "हम भी तुम्हारी ही तरह चाहते हैं कि श्रुति और तुम्हारी जिन्दगी बन जाए। विपिन के वक्त तक तो बाउजी की हैसियत कुछ थी। अब तो बाउजी के रिटायरमेंट के बाद जब घर के इकलौते लड़के को भी पढ़ाना मुहाल हो गया हो, तो श्रुति के लिए व्यवस्था कहाँ से हो? ठीक कहती हो तुम, अपना हाथ जगन्नाथ। बाहर जाकर नौकरी करो, श्रुति को भी पढ़ाओ। अरे अभी तो पूरी उम्र पड़ी है न। लोगों का क्या?"

अड़ोस-पड़ोस से बहुत सारे बच्चों के खेलने की, किलकने की, ठठाकर हँसने और अपने दोस्तों को पुकारने की आवाजें भीतर आ रही थीं। इन बच्चों में, जो यूँ बाहर हँस-खेल रहे हैं, ज्यादातर शायद लड़के ही होंगे। उसने सोचा मुहल्लों की लड़कियाँ तो अपनी आठ-दस वर्ष की देहों पर पचास वर्ष की पुरखिन का गाम्भीर्य लादे घर के काम-काज में किसी-किसी का हाथ बँटाती, बच्चे खिलाती भीतर दालानों-कोठरियों में अपने ब्याह के दिन गिनती रहती हैं। उसकी तरह जो औरतें अपनी बेटियों की उँगली पकड़े बाहर छूट भागती हैं या हँकाली जाती हैं, वे दुनियाभर के ऊलजलूल तानों का शिकार भले बनें, अन्तत: सिर्फ वे ही तो अपने भीतर थोड़ा-बहुत खुश रहने लायक सहजता बचा ले जाती हैं। पर कैसी अजीब बात है कि उसे यूँ बाहर करते वक्त उसकी और श्रुति की खुशी का खयाल उसकी ससुराल में किसी को नहीं आया था। खुशी पर हक किसी का था, तो सुधीर का।

आज इस आँगन में यूँ बैठे विश्वास नहीं होता कि पूरी सामाजिक स्वीकृति के साथ इतनी सुथराई से किसी का पन्ना पूरी विरासत से सिर्फ इसीलिए काट दिया जा सकता है कि उसके पास बढ़ाने-पालने को बेटा नहीं बेटी थी? शायद सुधीर को भी यही सब याद हो आया हो। उसने मुस्कुराने की चेष्टा की पर मुस्कुराहट के बदले एक अजीब दयनीय भाव उसके चेहरे पर छा गया। सोचने के लिए तो और भी बहुत कुछ था उस बीस बरसों के लम्बे इतिहास में। लेकिन अब छाया लगातार उसी सब पर सोचती रहना नहीं चाहती थी। बीस वर्षों तक सर उठाकर स्वाभिमान से, अपनी मेहनत से अपनी राह बना लेने के बाद उसे गिला करने या खीजने जितनी अन्तरंगता की जरूरत क्या थी?

अगले दिन इतवार था। सुबह नहा-धोकर आई तो पाया कि घर में समृद्धि आने का एक अन्य लक्षण था। नाश्ता अब मेज पर लगने लगा था, ज्यों-त्यों चौके में उकड़ूँ बैठकर निगला जाने की बजाय। रसोई के बगल के इस कमरे का भो सब कुछ बदल गया था। कुर्सियाँ नई थीं, दीवारों का रंगरोगन नया था। यहाँ पुरानी थीं तो बस वे ही दोनों सास-बहू, जो उम्र के लिहाज से बहनें भी हो सकती थीं।

पल्लू नाश्ता कर चुका था, पर अभी भी मेज पर बैठा बेपनाह जिद से सबके ऊपर दूध, चीनी के कण, दलिए के छींटे और कुचली-मसली केले की लुगदी को खेल-खेल में फेंक रहा था। उसके माता-पिता और दादी के चेहरे से उसकी हरकतों के लिए धन्नपना बरस रहा था। वह कुछ तोड़-फोड़ करता होगा तो उसे नुकसान में नहीं गिना जाता होगा। वह सगुन समझा जाता होगा, लड़के की ऊर्जा का विस्फोट, जिससे खानदान चलते हैं, वसीयतें बनती हैं।

सोचते-सोचते छाया को लगा कि वह कितनी ओछी हो गई है यहाँ सिमटकर। इस परिवार की खुशी की एक तटस्थ दर्शक भर क्यूँ बनकर रह गई है वह? क्यों वह पथराए नेत्रों और बेहरकत मन से यह सब देखती है, उनके सहज सुख में सुखी क्यों नहीं होती? पर फिर लगा इतनी देर से इतनी दूर आकर इस सब पर सोचने में क्या फायदा? सिर्फ कागजों पर दस्तखत करने ही तो वह आई या बुलाई गई थी बस! "आज शाम की बस से लौट रही हूँ।" उसने धीमे से कहा।

"अच्छा।" तुरन्त वे तीनों एक साथ बोले।

गाड़ी चली तो सास ने आँचल आँखों से छुलाकर रोने का नाटक किया। पल्लू से कहा गया, "भाभी जी को टाटा करो।" लेकिन वह भौचक्की निगाहों से बस अड्डे की भीड़ ही निहारता रहा। बच्चा ही तो था, उसे अपने-पराये की क्या तमीज?

"टाटा।" छाया ने धीरे से कहा, और मुस्कुराने की चेष्टा करने लगी।

हमारे गोपाल दा लड्डू की अजब-गजब कहानी

इतना खूबसूरत दूसरा बच्चा पूरे शहर में शायद ही हो, सबका कहना था। गोपाल का सिन्दूरी ललाई लिए गोरा गदगदा चेहरा और भूरी रंगत के बाल देखकर मुँह से अक्सर निकल जाता—"अहा रे, ऐनमैन लड्डू गोपाल।" होते-होते पुकारने का नाम ही लड्डू पड़ गया लौंडे का। बड़ी दीदियों का दुलारा हुआ लड्डू। उनके लिए सचमुच का खिलौना जैसा हुआ वह। गली से गुजरकर रोज उसे पार्क ले जातीं, पहले गोदी-गोदी, फिर उँगली पकड़कर पुचकारती हुई। और लड्डू की महतारी के तो प्राण न्योछावर ठहरे दो-दो लड़कियों के इतने बरस बाद जनमे पुत्र पर। लौंडा चलने लगा, तब भी वह उसे धारोधार छाती का दूध पिलाती रही। कहने वाली हुई कि ऐसा बाल-गोपाल जैसा हुआ वह, कि मुखड़ा देख के ही उसकी छातियों में दूध उतरने लगता था। वरना छोरियों के वकत तो अन्नप्राशन के बाद खुदै जने कब सूख गया था दूध।

'अहा कुलदीपक जो ठहरा! होने ही वाला हुआ। होने ही वाला हुआ।' सब कहते।

वैसे देखने-हेखने में जितना भी अच्छा हुआ गोपाल, नींद दुश्मन हुई उसकी बचपन से। रात-रात भर जाग के रोने वाला ठहरा। जने पेट में हवा हो जाती थी कि जने नजर लग गई होती, आँख लगी नहीं महतारी-बाप की कि उसका बैंड बजना शुरू। भैं...भैं..., रात भर।

"अरे बाँस घँघोलो छोकरे के गले में!" बालविधवा कैंटी बुबू ने एक बार दहाड़ा था। प्रकट में तो ननद को कुछ नहीं बोली गोपाल की महतारी उस

बखत, पर बातों-ही-बातों में उसने जता दिया बुबू को कि बाँस ही घँघोलना होगा तो उन लोगों को घँघोला जाएगा जो अपना सुहाग खा के अब मायके की रोटी तोड़ने आ बैठी हैं। पुरखों की हवेली में चिराग बालने वाला जिनकी आँखों को खटकेगा उनकी आँख में नमक-मिर्च-शिशूण के काँटे।

"वह तो सौ बरीस जीए, लाख बरीस जीए," कह, कटखनी बुआ ने जीभ काटकर हथियार डाल दिए। लौंडा जो हुआ, वरना छोरियों को तो बुबू ही क्या, आते-जाते सभी जो मुँह में आया, कहते रहते थे। कि देखो तो कैसी घास जैसी, सरपत जैसी बढ़ रही है। कि जवान-जहान लड़कियाँ धम्म-धम्म मायके की दहलीज पर कूदें तो धरती हाथ भर नीचे धँसकेगी ही, करके। पर उस सब पर गोपाल की इजा ने मुक्ख सदा बन्द रखा। वह नहीं जो क्या जानती नहीं थी कि लड़की की तो जात ही टोकाई खाने को जनमने वाली हुई। अच्छा है लड़कियाँ ससुराल जाने से पहले टोकाई खाने की पित्तमार आदत डाल लें तो।

वह लौंडे के मामले में तो बात भैया फरक हुई। होने भी वाली हुई। सो बुआ ने बाँस घँघोलने वाली कही तो गांडीव जैसी टंकार उठी थी, गोपाल लड्डू की महतारी।

गोपाल के बाबू को भी अपनी बहन की ही तरह लौंडे की रीं-रीं भड़काने वाली ठहरी। बोलने में कैंटी बुबू के ही बड़े भाई हुए वे भी। ऐसी बोली बोलने वाले हुए कभी कि आदमी भी झिरक जाए, फिर औरत जात का क्या कहना? तिस पर महीने के पहले हफ्ते पाकेट में तनखा हुई और एकाध देसी का पाउच भी पेट में पहुँच गया हो तो उन दिनों तो एकदम नश्तर बन जाने वाली हुई जिह्वा उनकी। और गोपाल सामने पड़ा नहीं ऐसे में कि दनादनी हाथ छोड़ देने वाला ठहरा उस पर। कभी कान खेंचके, कभी थप्पड़-घूँसा मारके कहने वाला हुआ—"रोता क्यूँ है मरद बच्चा होके?" औरतों के साथ ऐसे लटपटाहट में रहते-रहते तू साला पक्की लौंडिया ही बन के रह जाएगा एक दिन। अगर महतारी बीच-बचाव को आगे आ गई तो दो तीनेक हाथ उसके भी पड़ जाने वाले हुए।

आखिरकार थकथका कर जब बाबू खर्राटे लेकर सो गए और माँ और बहनें भी ऊपर जाकर सर डालकर चुप हो गईं, सीढ़ियों पर गुमसुम बैठकर गोपाल बिना आँसू के सिसकी जैसी भरने वाला ठहरा। यह लगने वाला ठहरा कि जैसे कोई पीली आँख वाला भोटिया कुत्ता आ के बैठ गया है उसके पास और दाँत निकालकर हमला करने से पहले वो गुर्रा रहा है।

क्या है मेरे पास उसे देने लायक, जिसे उसकी तरफ उछालकर अपने को बचाऊँ, गोपाल सोचता।

उस दिन गिल्ली-डंडा खेलने को गोपाल और उसकी संगी भोटिया-पड़ाव साइड में निकल गए थे। जाड़ों के दिन हुए, भोटियों का काफिला अपनी भेड़-हेड़ लेके हर साल की तरह पड़ाव में टिका ठहरा। भेड़ों की रखवाली को गले में काँटेदार पट्टा लगाकर खूँखार भोटिया कुत्ते साथ चलने वाले हुए उनके। कुत्ते पर गिट्टी फेंकते, सीटी मारते लौंडों को इशारे से भोटिया टोली के बुजुर्ग ने बरजकर अपनी हुणियों जैसी नक्की आवाज में जो कहा, उसका मतलब यह हुआ कि ये कुत्ते बड़े खूँखार हैं। कि अजनबी मानस को चीर-फाड़ के पल भर में खत्म कर सकते हैं। बिगड़ गए तो इनको पुचकारने, मारने या रोटी-होटी दिखाने की कोशिश ठीक नहीं होगी। बीस पंजे वाले हैं ये रखवाले कुत्ते, उसने लौंडों को बताया। और इसलिए ये जो हैं ना, सो जमराज से भी नहीं डरते। मार के खूँखार बनाया है इन्हें। पास में हाथ लाओ तो चाट-चूट के बजाय हाथ चबा जाएँ। गारद ठहरे, पक्की गारद, एक बार खुल गए तो फिर बन्दूकधारी पुलिस से भी नहीं डरने वाले और प्रेम-प्यार से फिरंट ठहरे ये शिकारी कुत्ते।

तब से गोपाल के मन में छब उतर गई जैसे जमराज से भी न डरने वाले पीली आँखों और बीस नाखूनों वाले उन शिकारी कुत्तों की। और होते-होते गोपाल को लगने लगा कि उसका ये जो दर्द है, ये बाहरी वजह से नहीं। इसकी जड़ बाप के थप्पड़-घूँसे या महतारी के टप्प-टप्प गिरने वाले आँसू भी नहीं हैं। यह जो असज जैसी है उसकी छाती में सो यूँ कि शायद करके उसके जनम के साथ ही प्रेम-प्यार से एकदम फिरंट उस पीली आँख वाले

कुत्ते जैसी उसके भीतर भी कोई चीज बैठ गई थी। उसी की छटपट से रात-रात भर जागकर वह उस बखत भी कलपता रहता था, जब उसे पैरों से चलना क्या घुटनों के बल रेंगना भी नहीं आता था।

हो गया। जैसे सूरज रोजीना पहले उगता और फिर अस्त हो जाता है, वैसे ही गोपाल लड्डू भीतर से शाम हुई नहीं कि उस कुत्ते की आँखों से उतरी बिना आँसुओं वाली गुर्राहट नाभि से एक लहर की तरह ऊपर उठकर बाहर निकलने को जोर मारने लगती। जब आधी छुपी-आधी उधड़ी गरीबी वाले शहर के उन जैसे सब घरों में मरियल पच्चीस वाट के बिजली के लट्टू एक बीमार-गंदा उजाला कर देते, जब सीढ़ियाँ उतरते बखत बिन कटी खरपतवार के बीच अगल-बगल खुली नालियों में बह रहे शरीर के टट्टी-पिशाब की बास छाती में मुक्का जैसा मार के पैर लड़खड़ा देती, जब फूली नाभि वाले, लीवर के रोगी बच्चे मुहल्ले-मुहल्ले धीमी थकी रुलाई से घरवालों के कान आरी की तरह चीरने लगते और जब भभूत, काढ़े और मंत्रपाठ पर जैसे-तैसे ही रहे पस्त चेहरों वाले बूढ़े-बूढ़ियों पर खाँसी के दौरे पड़ने लगते, तो गोपाल के भीतर से अपने आप जने कैसे एक भयानक मरोड़ उठने लगती। गर्दन के बालों को काँटों जैसा खड़ा करती भीतर से बाहिर आने को बीस पंजों वाली मरोड़ ठहरी वह। खिस-खिस जैसा करने लगता था उस बखत गोपाल का मन! काश वह गायब हो जाए। या ऐसा डूब जाए किसी चीज में, कि वह वह न रहे! गोपाल लड्डू सोचता। पर सोचने से सब हो जाता है क्या?

इसी बीच किताबों का शौक लग गया ठहरा गोपाल को। इसलिए, कि किताबों में बैठी कहानियों, किस्सों की पीठ पर बैठकर उसका मन जब दुनिया-जहान की सैर को निकल पड़ता था, तो उसके भीतर की गुर्र-गुर्र अपने आप जाने कैसे शान्त होकर उतनी देर को सो जैसी जाती थी।

एक के बाद एक जितनी किताबें आसपास मिलीं, उन सब को चाट गया ठहरा गोपाल फटाफट! बहनें और महतारी आँचल से पोंछ-पोंछ के रखने वाली हुईं उसकी किताबें। पर बाप के डर से मेज पर नहीं, नीचे सीढ़ी की ओट में आँख सिक्कोड़ कर किताबें पढ़ने वाला हुआ गोपाल। जब घर की,

आसपास की सब किताबें चाट डालीं तो फिर बहनों के कहने से शहर में जो एक मरियल-सी मुन्सिपल लाइब्रेरी थी, किताबों का कीड़ा गोपाल आखिर उसी का सदस्य बन गया। हो सकता है जब अंग्रेजों का राज था, और ऐसे दूर-दराजी वाले शहर पर मलका की हुकूमत चलाने को सात समन्दर पार से भेजे गोरे हाकिम भी अकेले बैठे अपने भीतर किसी विचित्र जीव को काँटे खड़े करते पाते होंगे तो उन्होंने अपने लिए इस दूर-दराज के छोटे से शहर में यह लाइब्रेरी बनाई होगी। किताबों की आखिरी खेप यहाँ विलैंत से जहाज में गोपाल के जनम के बरस, यानी 1946 में आई थी। करके बताने वाले हुए बड़े लोग। पर आजादी के बाद से शहर वालों ने यहाँ इल्मारियों में सदा ताले और जाले ही लटकते रहते देखे ठहरे। लाइब्रेरियन हुआ, चौकीदार हुए और इक्का-दुक्का बेरोजगार घरवालों की किटकिट से भागे गोपाल जैसे छोकरे हुए, ये ही सब प्राणी एक कोने में हीटर जला के यहाँ कैरम या लूडो खेलते रहते थे। हाँ, पन्द्रै अगस्त को यदि पानी बरसा या छब्बीस जनवरी को बरफ पड़ गई, तो झंडाभिवादन के बाद जनगणमन गाने को पास के दफ्तरों के जबरन बुलाए बाबू-दफ्तरी वगैरा अपने अफसरों समेत बाहर मैदान से लाइब्रेरी के भीतर आकर कार्यक्रम पूरा करने वाले हुए। बाद में उनके करम से वहाँ लूडो खेलने-खिलाने वालों में भी एक-दो लड्डू, पकौड़ी, एकाध समोसा और दालमोठ के छह-सातेक सरकारी दोने बँट जाने वाले हुए। सरकारी ऑडर तो सुना सौ का होता था, पर बाँकी सब इधर-उधर—समझ गए ना?

एक लाल जिल्द वाली कापी खरीद लाया था गोपाल। ये सब होने लगा तो चुपचाप घर आ जाने वाला हुआ बिना खाए-पिए। कापी में सिर झुकाकर कुछ-कुछ लिखने भी लगा था वह। बड़ी बहन को उसने सर की कसम दे के पढ़ाई एक दिन अपनी कॉपी! इजू! सुलेख में कविता लिखी ठहरी उसने गजब की! साथ में सुन्दर अल्पना की डिजैन का बॉडर! अभिमान से फूली बहन ने छोटी को बता दिया, उसने जाके माँ को! हो गया। लड़का कविता लिखने लगा है जान के धनुषयज्ञ में फरसाधारी परशुराम जैसा उचकने लगा गुस्सैल बाप! "हिजड़ा साला! आज कविता लिखता है, कल हर्मुनिया बजाएगा,

परसों, गले में लाल रूमाल बाँध के हुड़क्याणियों पतुरियों के संग नाचेगा।"

कॉपी फाड़ के बाप ने दूसरे गधेरे में ऐसी मनका के फेंकी कि पुर्जा-पुर्जा बिखर गया बिचारे गोपाल लड्डू की कविता की कापी का।

इसके बाद कुछ कहते हैं, और गुमसुम जैसा हो गया ठहरा लौंडा! वैसे ही शुरू से बड़ा नाजुक मिजाज जैसा हुआ गोपाल। कहने वाला हुआ उसको सरकारी उन बासी समोसों और पकौड़ियों की पीछे छूट गई झालरदार बास से भी मितली जैसी आने लगती थी करके। हो गया। बाप ने कविता की कापी फाड़-फूड़ के फेंक दी और चारेक हाथ जड़ दिए लौंडे के, तो गोपाल लड्डू के भीतर बैठा बीस पंजे वाला कटखना गुस्सा बौखला जैसा गया! तब बहनें बताती थीं कि कुल्ल पन्द्रै बरस की उमर में तब उसने इसी बास से रचे लाइब्रेरी के कमरे में पन्द्रै अगस्त को गगन हौरों के साथ बैठकर भारत माता की जै बोलकर गट्टगट्ट पहली बार देसी शराब चढ़ाई थी करके। सरकारी समोसे-पकौड़ी की घिनौनी बास और बाप की गाली-गलौज को जाने कैसे उस खट्टी शराब की तुर्शी ने एकदम मेट दिया था। कहने वाला हुआ गोपाल बहनों से। और शायद इसी करमफूटी शराब की महक ने ही गोपाल के भीतर छुपी पीली आँखों वाली गुरगुराहट को भी शान्त कर दिया होगा।

गजब रे गजब! उसके बाद नीचे घर की ढाल उतरते बखत गोपाल को न शहर के बास मारते अँधेरे से, न बाबू की पिटाई से, न ही अपनी माँ के आँसुओं से डर लगता था, और न ही कोई घिन-फिन आती थी, उल्टे घर की तरफ ढाल पर नीचे उतरते हुए उसे लगने लगा था कि अब उसके शरीर से जो है, सो बाहर वायुमंडल में निकलकर उसकी एक हलकी, तितली जैसी वीतराग आत्मा ही ये सीढ़ियाँ तैरती हुई उतर रही है, खुद वह नहीं उसे अब कुछ भी महसूस जैसा नहीं हो रहा था, जैसे कि माँ-बहनों के प्यार और बाप के डर से काँपती देह, वासान्सि जीर्णानि की एक बास मारती गठरी की तरह कहीं दूर पीछे छूट गई हो।

यह हुई पतन की, जिसे कहते हैं, पहली सीढ़ी!

माँ रोई, बहनें रोईं, पर रोने-धोने से क्या?

फिर एक-एक कर गोपाल की बहनें ब्याह दी गईं, और जैसी बहनें होती हैं, वे पराई हो गईं। अपनी गिरस्ती के छोटे-मोटे सुख-दुख ही उनकी दुनिया बन गए। गोपाल लड्डू का थोड़ा-बहुत मुखबोल का आसरा भी गया समझें। घर पर बच रहे बस तीन जन! वह, इजा और मास्साब। इसी बीच मास्साब रिटायर हो गए थे, और खाली बैठे उनका पीना, उनकी खीझ और गाहे-बगाहे छोकरे पर हाथ छोड़ना बढ़ता जा रहा था। मुहल्ले वालियों ने देखा कि बिचारी गोपाल की महतारी को इसकी बड़ी गहरी फिकर जैसी लग गई। गुस्सैल बाप घर में बैठा है, करके अब उसका बेटा ज्यादे से और भी ज्यादे बखत लाइब्रेरी में बिताने लगा था। वहाँ की कम्पनी कोई ठीक जैसी नहीं ही हुई, करके सब कहने वाले हुए। पर अहा, माँ तो ठहरी औरत जात! मरद होती तो अब तक उन पर जाके धड़ाधड़ लैबरेली के भीतर घुसकर अपने लौंडे को बिगाड़ने वालों की कमीज का कॉलर फाड़कर हॉकी इस्टिक से उनका पक्का इलाज कर आती। पर औरत जात हुई, घुटनों में कपाल दे के थर-थर काँपती खुद भी भूखी बैठी रहने वाली हुई थाली ढक के लौंडे के इन्तजार में। गोपाल लड्डू के लौटने तक बाबू अगर सोए नहीं हुए तो दरवाजे से ही बाप-बेटे का हलकारा-पिलकारा शुरू हो जाने वाला हुआ। भारी शरम की बात! शायद इसी कारण गोपाल कभी बारै, तो कभी एक बजे लौट के घर आने वाला हुआ, नशे में धुत्त! वीतराग! बाप मारै, कूटै, महतारी रोये, उसके लिए सब एक ठहरा!

अहा, पर इतना सब होने के बाद भी सबको याद है कि जवानी में गोपाल कैसा गबरू जवान निकला ठहरा! माँ पर पड़ा था लौंडा! चेहरा ऐसा गुलाबी, जैसे कमल का फूल, आँखें भी अपने ननिहाल वालों की जैसी हरी-भरी हुईं। अँधेरे में जैसे बिल्ली देख लेती है, कंजे लोग भी शायद देख लेते होंगे इसलिए बिना डर के रात के अँधेरे में ही घर लौटने वाला हुआ गोपाल। जम्हाई लेता बाहर आया भी तो अड़ोसी-पड़ोसी मुँह बिचका के जरा उससे दूर ही जो जाने वाले हुए। क्या बिगड़ गया है लौंडा यही राय सबकी हुई! दिन के टैम पढ़ने वाले विद्यार्थी और नौकरी वाले पुरुष वैसे भी दिन के बखत घर से बाहर ही

हों तो ही ठीक हुआ ना! गोपाल जने कब अपने कॉलेज की क्लासों में जाने वाला हुआ कब नहीं, क्या पता?

सुना कॉलेज में एक बार एक लड़की को लेके मारामारी करके नाक का खून पोंछते भी देखा गया था उसे। लड़की ने तो कुछ कहा नहीं, न गोपाल ने! पर बाहर ही बाहर मुहल्लेवालों ने सुना कि कुछ गंदे लड़के उस लड़की को देख के गन्दा गाना-हाना गा रहे थे तो गोपाल ने फिलम के हीरो की तरह अकेले झुंड में घुस के गाने वालों को दो चारेक हाथ धर दिए। सुना तो यह भी गया कि चक्कू-हक्कू भी निकल आए थे। भाग्य की बात, किसी की जान-हान नहीं हुई। उस दिन गोपाल ने घर आके खाना नहीं खाया, कमीज में आगे खून-ही-खून लगा था। बाद को गरम पानी और सिरके से महतारी ने धोई उसकी वह शर्ट। फिर गोपाल ने कॉलेज जाना छोड़ दिया, लौंडा वरना था एकदम निडर और होशियार दोनों!

सालेक बाद शहर का बुड्ढा लाइब्रेरियन रिटायर हो गया तो गोपाल लड्डू के बाबू के पुराने छात्रों ने कह-कहाकर उसे ही वहाँ रखवा दिया! सोचा होगा, गुरु का बेटा है। पढ़ाई-हड़ाई चाहे न भी करे, कम-से-कम दिन भर अच्छी किताबें ही पढ़ेगा। शौक ही उसे यही ठहरा। फिर कुछ तनखा भी पाएगा सो अलग। माँ ने उसके लिए सत्यनारायण की कथा भी कराई थी। पर प्रसाद लेने ही नहीं गया लौंडा। उस दिन भी सुना रात को धुत्त लौटा। माँ ने चरणामिरत और कसार बचा के रखा था, फिर भी, ले पहले यह प्रसाद ग्रहण कर, कहने को! गोपाल लड्डू ठहरा अफलातून! आके सीधा कमरे में गया और जाके सो गया! रात कोई बिल्ली आके वो सब परसादी खा गई जने कैसे! उसके बाद अच्छा जैसा नहीं ही हुआ गोपाल बिचारे का। ठीक कलावती कन्या के समान!

गोपाल को अब तक पता हो गया था, खुद भी उसे पीने की पक्की टेब लग चुकी थी! उसे यह भी पता चल गया था कि नशा कहाँ तक उठने से उसके भीतर की मरोड़, उसके हृदय के लगातार चबाने वाले उस पीली आँख वाले कुत्ते के पीले-पीले दाँत, सब जैसे किसी रबड़ के मेटे, मिटकर गायब

हो जाते हैं! बाद को उसके घुटने भी रबड़ के जैसे ही हो जाने वाले ठहरे, पर वो तकलीफ, ढाल पर लुढ़कने से पड़ी नील और खरोंचों का कष्ट भीतर की उस तकलीफ से तो छोटा ही हुआ!

सुबह उठकर जब सर फटने को तैयार फुटबाल जैसा लगा तो भी गनीमत मानने वाला हुआ गोपाल। कम-से-कम यह दर्द पता तो हुआ किस कारण हो रहा है। भीतर की कलेजे की वह फड़फड़ाहट तो एक किसम की दावानल जैसी हुई। पीने से ही बुझने वाली हुई वह आग! सिर दर्द क्या हुआ इसके आगे, कुच्छ भी नहीं। गोपाल ने अपने दारूबाज दोस्तों से कहा, सुना।

होते-होते आग क्या, बाप का डर भी निकल गया ठहरा उसके भीतर से! एक दिन बाप ने सुबह-सुबह उसे पीता देख के हाथ उठाया तो गोपाल ने हाथ पकड़ के ऐसा मरोड़ा कि बुड्ढा चिल्ला पड़ा। "आज से बस!" पूरे मुहल्ले ने सुना, उसने अजीब भारी गुर्राहट भरी आवाज में कहा बाप से। और जब तक महतारी भागती आई, तब तक तो गोपाल बुड्ढे पर ऐसा पिल पड़ा था, जैसे जनमों के वैर का बदला ले रहा हो। कुटम्मस से बचाने को महतारी बीच में आई तो उसे ऐसा धक्का मारा गोपाल ने कि जाके दिवाल से टकराई और गिर पड़ी।

भाग देखो बिचारी का, बाप बेटे को मारता था तब भी पिटी, अब बेटा बाप की धुनाई कर रहा था, तब भी पिटी।

उस दिन तो पूरा झगड़ा देख चुके पड़ोसियों ने ही खेंच-खाँचकर उसे अलग किया तो बुड्ढे बाप की जान बची थी। गोपाल तब का घर से गया चार दिन बाद लौटा। चेहरे पर जैसे स्याही मल दी हो किसी ने। कमीज पर खून के, सूखी उल्टी के दाग हुए, मुहल्लेवालों ने शर्माशर्मी किवाड़ बन्द कर लिए।

क्या हो : अनर्थ ही हो गया ठहरा मास्साब के बुढ़ापे में, घोर अनर्थ।

गोपाल लड्डू की माँ बिचारी नहीं सँभली इसके बाद! पहले भी बिचारी डेढ़ पसली की जीव हुई। खाँसी-जुखाम उसे निसदिन लगा ही रहने वाला हुआ। पर अब तो खाट पर ही पड़ जैसी गई वो! दम खूब फूलने लगा था उसका भात की पतीली नीचे उतारते हुए भी। लाचार मास्टर साहब ही खिचड़ी, साबूदाना

दोनों के हेत उबालने लगे। पर माँ की तरह लौंडे के लिए थाली परोसना बन्द कर दिया उन्होंने। पतीलों में ही भात-दाल रख देने वाले हुए कि खाएगा तो खाएगा, नहीं तो जास्साले, करके! पर हफ्ता-दस दिन जब वो बटलोइयाँ भी जूठी ही पड़ी रहीं तो बाप ने बन्द कर दिया उसका वो हिस्सा धरना भी।

फिर बाहर से सुन-गुन पाकर बिचारी बहनें भी मायके की सुध लेने चली आईं एक-एक करके, बड़ा रोईं सुना अपने मैके की दशा देख के। मेरे बाद इनको उठा ले जाना री, सुना गोपाल की माँ ने मौका पाकर बड़ी से कहा। उसका आदमी बैंक की अच्छी नौकरी में था, सास-ससुर थे नहीं जो नाकभौं चढ़ाते। छोटी का आदमी भी ठीक ठाक था, पर उसकी सास बड़ी जब्बर हुई। "उसके घर तुम्हारे बाबू रह नहीं सकेंगे, अम्मा भी जीना मुहाल कर देंगी बाप-बेटी दोनों का। सो तू ही इनका करना चेली! मैं तो अब ज्यादे नहीं टिकूँगी," गोपाल की महतारी ने हाँफते हुए बड़ी बेटी से कहा, जब भोल्दा गार्ड की घरवाली बाहर लीप रही थी।

ज्यादे टिकी भी नहीं गरीब। आखिरी बखत जब वाणी बन्द हो गई और ऊर्ध्व श्वास लगी ठहरी उसे तो जमीन पर लिटा दिया गया था बेटियों-दामादों ने। अहा मास्टर साहब उस घड़ी चुपचाप पैताने बैठे जने क्या-क्या सोच रहे थे। राम का नाम ले भगवान, उन्होंने कहा भी, पर महतारी के नेत्र दरवाजे पर ही लगे हुए ठहरे। उम्मीद करती ठहरी कि अन्त समय में शायद इजा को मुखड़ी दिखा ही जाएगा उसका लड्डू। लड्डू आया जरूर, पर ऐसी हालत ठहरी उसकी कि समझो एक पैर उधर, एक उधर! आँगन में ही सुना हड़बड़ाकर उल्टी करी उसने, पिशाब से पैंट तर ठहरी उसकी! मुहल्ले वालों ने उसे कोठरी में डालकर साँकल चढ़ा दी। ऐसी हालत में गरीब महतारी बेटे को देखेगी तो अनर्थ हो जाएगा, कहके।

हो गया। मुखाग्नि भी बड़े दामाद से ही दिलाई गई। उस कुलांगार के हाथ क्रिया होगी तो नरक ही जाएगी अभागी, सबने कहा। बड़ी बेटी-दामाद जाते-जाते जब बूढ़े बाप को साथ ले गए तो उस दिन भी सुना गोपाल नदारद हुआ। चिट्ठी लिखके छोड़ गए थे पत्थर के नीचे दबाके उसके लिए मेज पर

घरवाले। चाभी पड़ोस में दे गए। छह-सातेक दिन बाद जाने कहाँ से लौटा अभागा! पत्थर मार-मार कर उसने कुंडी तोड़ डाली और गाली बकता घर के भीतर घुस गया। धुत्त ठहरा तब भी! हाथ में अद्धा हुआ! हो गया।

नौकरी तो उसने क्या छोड़ी, नौकरी ने ही उसे छोड़ दिया कहो! पुश्तैनी घर में उसके लिए पीढ़ियों की सम्पदा हुई ही। बर्तन-भाँड़े, ताम्रपत्र, बड़े-बड़े काँसे, पीतल और ताँबे के गंगाल, हंडे, गैसबत्ती, दरियाँ, थुल्ले, रजाइयाँ, गद्दे, दन-चुटके! बस गोपाल की तो मौज हो गई! जेब में पैसा ठहरा, हाथ में बोतल! सर्वनाश की शुरुआत समझो!

उस डाँय-डाँय करते बड़े से भुतहा पुश्तैनी घर में बस्स अब गोपाल-ही-गोपाल हुआ! डोलने वाला ठहरा निरन्तर, कभी किसी कमरे में, कभी किसी में! उसके भीतर बैठा भोटिया कुत्ता भी साथ-ही-साथ डोलने वाला हुआ। नशे की हालत में अजीब-अजीब खयाल जहरीले पतिंगे जैसे छत की धन्नियों पर मँडराते दिखने वाले हुए गोपाल को! गाली बकने वाला हुआ उन्हें धुआँधार! पूजा की कोठरी में स्थापित घर के देवताओं के पुराने विग्रह तो बाप ने जाने से पेश्तर विसर्जित ही करा दिए थे, काँसे का थाल और चाँदी का पंचपात्र, अर्ध्या शराब की शरण में गए। बस देवी-देवताओं के फोटू और पुराने गेरू रंगे चौतरे पर माँ के हाथों के रंग उड़े-उड़े अल्पना के फूल-पत्ते भर बचे रह गए थे वहाँ। कभी-कभी अपनी इजा की पूजा-आरती और बुदबुदाते मन्त्रोच्चार की याद आती होगी सो गोपाल वहाँ जाकर लेट जाता। इजा की धोती से अगरबत्ती, चमेली, धनिया और तेल की जो मिली-जुली बास आती थी, वही वहाँ पर उसको चारों तरफ से लिहाफ जैसी बनकर चिपक जाती। तब अलबत्ता कर वह फिर पीना चालू कर देता और तब तक पीता जाता जब तलक वो सब बासें, यादें और रंग एक खट्टे अँधेरे से नहीं डूब जाते!

अँधेरा कितनी देर रहता, तुम्हीं कहो! कभी-न-कभी तो गोपाल जैसे शराबी को भी होश आने ही वाला हुआ। पास-पड़ोसियों को लगने वाला ठहरा कभी

कि बिचारे गोपाल को अपने भीतर घुसकर डेरा डाले कुत्ते से सख्त चिढ़ गई थी! वह नहीं होता तो इतनी तरह के कष्ट भीतर से क्या गोदते रहते उसे! तब वह सिर्फ शाम को चुपचाप दो-तीन गिलास पीता जैसे कई और जने करते थे। खाना-वाना खाता, खाकर सो जाता। लेकिन वह कुत्ता तो जहाँ नशा मद्धिम पड़ा नहीं, भीतर से उसके अंग-अंग में कोचना शुरू कर देता था! 'हे ईश्वर! तुमको मैंने कभी माना नहीं, क्या इसी का बदला ले रहे हो तुम इसे मेरे भीतर स्थापित करके?' 'क्यों करता है भगवान मेरे साथ ऐसा?' उसने अपने पंजाबी पड़ोसी से पूछा जो शहर में कपड़े की दुकान चलाता था।

'क्यों नहीं करे?' उसने कड़ाई से कहा और दरवाजा भेड़ लिया था भड़ाम! 'स्साला शराबी।' दरवाजे के पीछे से बिच्छू जैसे सरकते आए शब्द!

गोपाल को पक्का यकीन हो गया था कि एक भयानक शक्ल वाला खूँखार कुत्ता जो है, सो उसके भीतर घुसकर डेरा बना चुका है, रात कभी वह लेटता तो उसे अपने भीतर से हू...हू...हू...की आवाजें भी सुनाई देतीं, जैसी सावन की घासों के पीछे से जंगलों के भीतर से आती हैं! उसकी लाल-लाल आँखें उस घड़ी भय से फैली जैसी होकर आँसुओं से छलकने लगतीं! जैसे चूहेदानी में फँसी छछूँदर चिक-चिक करती हुई पंजों से दरवाजा खोलने, बाहर भागने का जतन करती है, वैसे ही...हू...हू...चिल्लाते गोपाल की छाती के बीचोंबीच भी शायद होता था। पर ओक्-ओक् कर दो-तीन दफे उल्टी भी करता गोपाल, तो भी कुछ बाहर नहीं आता।

पहले दोस्तों से कहने वाला हुआ गोपाल कि उसे पिंजड़े में बन्द छटपट करती छछूँदरों से सख्त नफरत थी। उसके बाबू पहले उसे चूहेदानी देकर उनको दूर कहीं नाले के पास छोड़ने को भेजते थे। पर गोपाल घिन के मारे उन्हें मोड़ पर ही छोड़कर आ जाता! दिन में उजाले में उनकी आँखें, झाड़ियों की टोहती घिनौनी थूथनी, पूँछ नीची किए चोरों की तरह धारोंधार भागना, सब गोपाल को बड़ा घिनाता था, पर इसके बाद जाने वे कैसे फिर घर में वापस पहुँच जाती थीं। लाचार गोपाल का बाप स्प्रिंगदार लोहे की एक चूहेदानी लाया था, जो छिटक! करके छछूँदरों का गला ही घोंट देती थी। घर

का लड़का ठहरा, सो सुबह-सुबह तीखे दाँतों के बीच खून की बूँदों वाले, राख की रंगत की वह लाशें भी गोपाल को ही ठिकाने लगाने को दी जाती थीं। गोपाल ऐसा मुँह बना के हाथ को सीधा दूर तान के उन्हें ले जाता और चूहेदानी समेत गधेरे में दूर भनका देता। बाप फिर जो चाहे कहे! कहने वाला हुआ गोपाल, उनकी आँख की कोरों में अटकी खून की बूँदें और तकलीफ से विकृत चेहरों पर खिंचे-खिंचे गंदे दाँत उसे मोटे चश्मे वाले अपने बाप की याद दिलाते थे। गाली खाके भी शायद गोपाल ने चूहे समेत चूहेदानी दूर भनकाना जारी रखा था, इसी हेत!

रात को कई बार नशे की नींद से भी उन मरे जीवों की स्मृति गोपाल को झिंझोड़ के जगा देती थी। और फिर वह तकिए के नीचे, तख्त के नीचे ताबड़तोड़, आधी या चौथाई भरी कोई भी बोतल पागलों जैसा तलाशने लगता! किसी बोतल में दो-चार घूँट हुए तो उन्हें गटक कर वह सोने की कोशिश करता, नहीं तो सारी रात दीवालों से घिरा-घिराया अपने को धीरे-धीरे मरता हुआ देखता गोपाल! पहले पड़ोसियों को नशे में धुत्त लौंडे का कलपना, बर्राना और चीखें न सुनाई दें इसलिए उसकी माँ कुंडी चढ़ा देने वाली हुई!

अब माँ ठहरी नहीं, सो प्रेतात्मा जैसा डकराता, रोता, अकेला घूमने वाला हुआ कमरे-कमरे में गोपाल। पड़ोसी बताने वाले हुए रात-रात पागल कुत्ते जैसा ऐसे हुहुआता है अभागा कि रोंगटे खड़े हो जाएँ सुन के! होश में हुआ तो मौत से भी ज्यादा तकलीफ होती होगी बेचारे को! होश आने का मतलब ठहरा स्मृति का गरुड़पुराण खुलना। औरतें कहती थीं कैसा था वह, कैसा हो गया ठहरा! आगे क्या होवेगा जने! माँ की स्मृति आई तो फिर याद आती होंगी ही उसकी आँखें! अन्त तक बेटे का पाप अपने सर मढ़ने वाली ठहरी महतारी!—'हरे, क्या पाप किए मैंने जो तू ऐसा कष्ट झेल रहा है लालौ।' कहने वाली ठहरी घायल मृगी जैसी माँ! फिर माँ के साथ बहनों की भी याद आती ही होगी तो ये भी याद आने वाला होगा ही कि कैसे बाप के कोप से बचाती थीं उसे दोनों, और कैसे उनके घरों में जाकर बार-बार उसने शराब के पैसे माँगे थे और लौटाए तक नहीं! बाप भी बार-बार याद

आने वाला होगा उसे। "तू कभी कुच्छ भी नहीं बनेगा, कुच्छ नहीं होगा भैंचो तेरा! कफनखसोट! कुलांगुर!" तभी रात-रात बोतल फोड़ के आर्तनाद करने वाला ठहरा अधनंगा घूमता गोपाल!

पीने के साथ ये जरूर हुआ कि धीरे-धीरे इन पागल बनाने वाली स्मृतियों का दावानल शान्त होते जाने वाला हुआ। पर अचरज ये कि गोपाल के भीतर बैठे उस भोटिया कुत्ते पर नशे का 'न' भी नहीं चढ़ने वाला हुआ! चिल्लाने वाला ठहरा गोपाल कि वैसा का वैसा कैसे बैठा हुआ है रे तू? देखो, देखो साला अपनी ढीठ आँखों से मुझे कैसी चुनौती दे रहा है कि हिम्मत है तो आ साले पकड़ ले मुझे! कहा था भोटिया बूढ़े ने कि गुस्सा होता है शिकारी कुत्ते का बड़ा खौफनाक! फिर गोपाल कुछ और पी लेने वाला हुआ, और, और, फिर धीरे-धीरे कुत्ते का दिखना, उसकी गुर्राहट सुनाई देना जैसे-जैसे बन्द हो जाने वाला हुआ, वैसे-वैसे गोपाल भी शान्त पड़ जाने वाला ठहरा!

बरतन, रेडियो और टीवी तो गोपाल ने अब तक बेच ही दिए थे, फिर बारी आई दरी, रजाई, गद्दों की! वे भी निबटे तो खिड़की के पल्ले, दरवाजों की वजनदार पीतल की मुरादाबादी कुंडियाँ, अर्गलें गईं! आखिर में बारी आई आँगन में लगी स्लेट की उन बड़ी-बड़ी दुर्लभ पटालों की, जिनकी खुदाई-चिनाई पचासेक साल पहले खतम हो चुकी थी! सुना डेलही साइड का कोई व्यापारी जमीन खरीद के पहाड़ों में अपना कॉटेज बना रहा था! एंटीक-एंटीक करके वो पटालें ही नहीं, गोपाल के घर का नक्काशीदार दरवाजा भी उतरवा ले गया, औने-पौने दाम देके। ये कहो कि कुछेक दिन उस कमाई ने रक्षा की गोपाल की।

पर कितने दिन?

एक दिन कहीं से एक झबरा पिल्ला ले आया था गोपाल। लाया या जने पिल्ले का भाग ही उसे गोपाल के पीछे-पीछे कुनमुनाते हुए घर तक ले आया होगा। ठंड हो रही थी उन दिनों बड़ी विकट और पिल्लों की महतारी गधेरे के पास कहीं मरी पड़ी थी। दो-तीनेक पिल्ले तो स्यात करके कि बारिश-हारिश में बह गए होंगे, ये बिचारा कुनमुन करता किसी तरह बच निकला और नशे में

धुत्त गोपाल के पीछे-पीछे घर के भीतर आ गया! दरवाजे-हरवाजे में चिटकनी लगाना तो गोपाल ने कब का छोड़ ही दिया था। रहा ही क्या था घर में कि जो कोई ले जाता? सो हवा से थोड़े खुले किवाड़ों के बीच से जने कैसे, पिल्ला भीतर आ गया, और जहाँ गोपाल गूदड़ों के ढेर पर गिर के सो गया था, वहीं कहीं उससे चिपक के सो गया। सुभे दर्द से फटता सिर लिए गोपाल उठा तो पिल्ला उसका मुँह-हाथ चाट रहा था। गोपाल लड़खड़ाता खड़ा हुआ तो पिल्ला पूँछ हिलाने लगा, कुदक्कड़े मारकर! "क्यों रे, साले तू मेरे भीतर आ गया मरने को?" गोपाल का कहा नीचे आँगन से गुजरते वंशीधर वैद्य ने भी सुना। फिर कुछेक दिन बाजार से लाके कभी बिस्कुट तो कभी डबलरोटी खिलाता रहा उसे गोपाल! 'मोहब्बत' करके पुकारना भी शुरू कर दिया था उसे। आँखें थिर जैसी हो जाने वाली हुईं गोपाल की उस बखत जब उसने खाने को पुकार लगाई—"ओ मुहब्बतौ" करके। फिर पिल्ला चबर-चबर उसके बगल में बैठ के खाने वाला हुआ! गोपाल बाहर निकल गया तो पिल्ला कुछ दूर कूँ-कूँ करने वाला ठहरा, फिर बाहर घड़ी भर निकल के टट्टी-पेशाब से फारिग होके भीतर, बड़ा मोहीला था रे, पशु हुआ तो क्या?

पर नसीब देखो! एक दिन देर रात को गोपाल आया तो मारे मोह के बाहर आ गया होगा अभागा। रात देर तक सबने उसकी कूँ-कूँ सुनी। ठंड थी गजब उस रात! अगले दिन पड़ोस की पुष्पा ने सब्जी के छिलके फेंकने को अपने किवाड़ खोले तो अभागा दरवाजे के पास मरा पड़ा ठहरा ठंड से जमके!

उसके बाद तो गोपाल पशु ही बन गया समझो। मार भोटिया कुत्ता जैसी आने वाली बास हुई दूर से उसके शरीर से! चौबीसों घंटे आँखें चढ़ीं। क्या पता देवी मन्दिर में चरस-हरस की दम भी लगाता हो? बिगाड़ने वाले, बिगड़े हुए कम जो क्या हुए शहर में?

फिर एक दिन बड़ी बहन ने किसी दर्जी के हाथ रूपै भेज के भाई को बुलाया कि घर बन्द करके यहीं आजा भुला। तेरे जीजा और मैं जैसे होगा तेरा इलाज करा देंगे! किसी डेरे वाला बाबा ने उसके शहर में जड़ी-बूटी से कई पक्के शराबियों का पीना छुड़वा दिया था सुना, सो बिचारी ने सोचा उसका

भाई भी शायद सुधर जाए, पर कहाँ? दो-चार दिन को वहाँ गया दर्जी मास्टर के साथ गोपाल, फिर एक शाम नशे में बेरंग लिफाफे जैसा धुत्त वापस! सुना वहाँ जाके ऐसा टंटा खड़ा किया कि शरम हो गई! बहन के शहर की एक विलायती शराब की दुकान के बाहर शो केस का काँच फोड़कर उसने ऐसी गालियाँ बकनी शुरू कर दीं कि बहन और जीजा ने कान पकड़ लिए, अब इसका कुछ नहीं कर सकते हम, करके! वो जो जीजा वकील ठहरा, सो पुलिस केस होने से बच गया! सुना एक पूरी बोतल गटक गया था पट्ठा खड़े-खड़े शो केस फोड़ के निकालने के बाद!

लौटने के बाद देर तक गा-गा के मुहब्बत मुहब्बत! जैसे कुछ चिल्लाता-रोता हुआ गोपाल सुना अपने घर के भीतर रात-रात घूमता रहा! पड़ोस के बरमदज्जी की एम.ए. पास लड़की ने सबको बताया कि कभी गजल तो कभी कबीर-हबीर के निर्गुणी भजन गा रहा था अभागा।

अहा लत्त नहीं पड़ती तो क्या पता साधु-सन्त बन जाता लौंडा, लोगों ने कहा। नाश हो इस दारू का।

'ये आग जैसी कैसी लगी रहती है मेरे भीतर?' अपने आपसे हर समय बुड़बुड़ाते उसे कइयों ने सुना था रातों को। पर बात कौन करता उससे?

घर के भीतर ही संडास बना डाला था अभागे ने। टट्टी-पेशाब-उल्टी—घर का दरवाजा खुला हो तो नरक जैसी गंध के भभके उठने वाले ठहरे। एक दिन मुहल्ले वालों ने चन्दा करके मेहतर को सौ रुपये दिए भी कि धो-धा दे भीतर जाके करके। पर दो-चार दिन बाद फिर वही। भीतर बोतलें-ही-बोतलें ठहरीं। बोतलों में शराब है कि पेशाब पता ही नहीं चलने वाला ठहरा।

उस दिन रात में जल्दी लौटा था गोपाल। काली स्याही जैसा हो गया था। कभी अहा चन्दन जैसा जो रंग ठहरा उसका। मुँह पर तमाम झुर्रियाँ पड़ गई हुईं। कपाल पर, घुटनों पर बार-बार गिरने से चोट-ही-चोट के जैसे निशान। देर तक हलबलाट लगा के शायद कोई बची-खुची शराब की बोतल तलाशता रहा होगा। बाद को सुना गुस्से में कितनी बोतलें फोड़ दी थीं, उसने उस रात। आखिरकार काँच की चद्दर पर ही पड़ी मिली पड़ोसियों को उसकी देह।

आँखें खुली ठहरीं, दाँतों के बीच कटी जीभ से खूनै खून निकला ठहरा। मुँह के कोने में फिचकुर! बदन कहो कि आदमजाद नंगा, एक फटी लुंगी से उसे ढाँक के पड़ोसियों ने बहनों के लिए तार भिजवाने लौंडों को दौड़ा दिया, और औरतें फर्श धोने-लीपने में लग गईं। अहा, अन्तिम समय जाने किसे याद किया होगा अभागे ने।

रोती बहनों ने जब आके जैसे-तैसे काज करा ही दिए, फिर सब अपने-अपने में लग गए। हरि इच्छा बलवती कह के!

तो ऐसे खतम हुई हमारे गोपाल दा लड्डू की अजब-गजब कहानी!

जैसी उसकी कटी, भगवान करे किसी दुश्मन की भी न कटे!

कुतिया : ईसप के लिए बोधकथा

उसकी बड़ी-बड़ी काजर अँजी आँखों ने अभी डरना या जबरन लजाना नहीं सीखा था। एक स्तब्ध कुतूहल से वे कैमरे के लेंस को बिट-बिट ताकती थीं। उसकी गोद में सर धरे बाल-वधू का दूल्हा : देसी कुत्ता बुलेट गले में फूलहार डाले हुए सभी दूल्हों की तरह उनींदा-उदासीन दीखता पसरा हुआ था। मैं खाट पर बदस्तूर चित्त लेटे-लेटे अखबार पढ़ रही थी। अचानक नजर उस चित्र पर लटकी तो पट से मैं उठ बैठी। लाल झीले घूँघट से अधढका बच्ची का ताजा तोड़े बैगन-सा वह सुन्दर आबनूसी चेहरा हमें निस्संकोच घूर रहा था।

लड़की के बाप ने दस-पन्द्रह हजार रूपै खरच कर पूरे समारोह से बेटी को कुत्ते से ब्याहने का जोरदार अनुष्ठान किया था। सिन्दूर-दान, शंख-लोहे की चूड़ी पहनाना, उलूध्वनि, मन्त्रोच्चार, सब हुआ। बाद में जोरदार बहू भात परसा गया, जिसमें मछली, पुलाव, चिकन कोरमा, मछली के मूँड़ के साथ पकी दाल, रसगुल्ला, पान सब था। बुलेट के पक्ष के सब लोगों ने खूब दाबकर खाया। और फिर कल तक की अन्जु कर्मकार, पितृकुल का गोत्र छोड़कर सारमेय गोत्र की कुतिया बन गई थी।

इसी से बच्ची का अनिष्ट कटेगा। गाँव वालों ने पत्रकारों से कहा। जब से जनमी थी तब से बाबा रे, कष्ट-ही-कष्ट। बार-बार गिरना, चोट खाना। कभी दाँत टूटता, कभी हाथ-गोड़। दो बार तो डूबते-डूबते बची थी छोकरी। निष्कर्ष निकाला गया कि हो-न-हो छोकरी के ग्रह टेढ़े हैं। लम्बी कुटिल याददाश्त

वाली बूढ़ियों को याद आने लगा कि उसका पहला दाँत भी, आहा, आठवें महीने में ही निकल आया था। कुदृष्टि लेकर जनमी है अभागी, घोर कुदृष्टि। खानदान में दो बार पहले भी ऐसी ही लड़कियाँ जनमी थीं। उन दोनों को भी कुत्ते से ब्याहा गया, तब जा के कुल का ग्रहदोष कटा था।

सो अन्जु के लिए कोई अच्छा-सा कुत्ता तलाशा जाने लगा। एक परिचित के घर बुलेट पल रहा था। वहाँ बात चलाई गई, और जल्दी ही तै हो गई। बारात चढ़ी ब्याह हुआ, और उलू-ध्वनि के बीच बुरे ग्रहों से बचाने के लिए एक बच्ची को कुतिया बना दिया गया।

मैं मुँह बाए यह पढ़ रही थी कि कंधे पर गदा की तरह सींक और फूल की दो-दो झाड़ू रखे शुभदा ने मेरे कमरे में प्रवेश किया।

'उठो माँ, उठो! जल्दी करो मुझे अभी चार घर और जाना है', शुभदा ने झाड़ू की पीठ को फर्श पर ठोंकते हुए मुझसे साधिकार कहा। हर वक्त हड़बड़ी में रहने वाली शुभदा पास की ही एक झुग्गी-बस्ती से मुहल्ले में काम करने को आती है। चारेक बरस हुए उसका मालिक हारान अचानक उस चार बच्चों की माँ को उसके भाग्य पर छोड़कर किसी सियार की जाई जादूगरनी के प्रेमपाश में बँधा-बँधाया सीमापुरी साइड की एक झुग्गी में रहने चल दिया था। तब तक शुभदा दो घर पकड़े हुए थी। अब उसने पाँच पकड़ लिए हैं। पाँचवाँ, यानी मेरा, उसे तब कुछ अनिच्छा से ही पकड़ना पड़ा था, जब मेरी पुरानी बाई, शुभदा की बेटी अन्नदा भी बाप की ही तरह अचानक अपने बूढ़े पति को छोड़कर किसी पोंटू के प्रेम डोर में खिंची-खिंचाई किसी जमुनापार बस्ती में जा बसी। जाते-जाते उसने अपनी माँ से कहा था कि उसके एवज में वह टी.वी. वाली मैडम के घर भी सुबह-सुबह चार पोंछा मार जाया करे, उसे बड़ी दिक्कत है।

मैं अन्नदा की कृतज्ञ हूँ। मेरे जैसे इकलखोरे लोगों के काम का अक्सर बड़ा बीहड़ टाइमटेबुल होता है। सुबह-सुबह जितना घर का काम हो गया, सो हो गया। उसके बाद तालाबन्दी के अलावा चारा नहीं। शुभदा ने कहा वह ठीक सात बजे सुबह आ जाएगी, मन्जूर है? हाँ मेरी माँ मन्जूर है। सो बस

पकड़कर वह अलस्सुबह मेरे घर आ जाती है। मैं चाय बनाती हूँ, अपने लिए भी और उसके लिए भी फिर मैं जहाँ कहीं होऊँ, वहाँ से मुझे बाहर हँकाल कर वायुवेग से वह अपना काम शुरू कर देती है।

'पैर उठाओ माँ', शुभदा मुझसे कहती है। पर इससे पहले कि मैं तखत पर पंखे से फरफराते अखबार को दबोचे सेही की तरह गुड़ी-मुड़ी गठरी बनूँ, मैं उसे बुलाकर फोटो दिखाती हूँ। पहले ये देखो प्यारी है न बच्ची?'

'बच्ची है, प्यारी तो लगेगी ही। पर रंग की काली है।'

'इसके बाप ने इसे एक कुत्ते से ब्याह दिया है।'

'बाप है, लड़की को किसी से ब्याह दे, किसी का क्या?'

'अरे कानूनन अठारह से कम लड़की का ब्याह करना जुर्म है।'

'मनुष्य से ना! कुत्ते से तो नहीं?'

'फिर भी ब्याह तो दिया ही ना। जेल होगी अब उसे, देखना।'

'अहा, कुत्ते से ब्याहा तो क्या बुरा किया? खराब ग्रह होंगे छोकरी के। हमारे गाँव में भी एक को ऐसे ही पीपल के पेड़ से ब्याह दिया गया था, एक को तुलसी के पौधे के संग। उनका नसीब।'

'पर किसी ग्रहदोष वाले लड़के को भी कभी ऐसे ब्याहा गया ये तो नहीं सुना।'

'ऐसे लड़के भी होते हैं। पर उनको तो माँ पाँच पैसे में किसी गरीब को बेच देंगे, फिर तीन या छह पैसे में खरीद लेंगे। ऐसा होता है। खरीद के बाद नाम रख देंगे पाँचू। या तिनकौड़ी या छकौड़ी। कोई-कोई उनको घूरे पर रख के भीख में उठा लाते हैं। वो हो गया भिखारी। किस्सा खतम। पर लड़की का ऐसा है माँ कि उसका तो गोत्र भी बदलना हुआ। नहीं तो गलग्रह बन के छोकरी खानदान की छाती पर ही पड़ी रहेगी। पाप लगेगा बाप को घोर पाप।'

'पर कुत्ता ही क्यों छाँटा ब्याहने को?'

'क्यों नहीं? क्या बुरा है कुत्ते में? इंसान की तरह शराब पीके तो नहीं आएगा? बहू से मारपीट तो नहीं करेगा? उसके बाप-भाई से हाथघड़ी या साइकिल की माँग करके घर तो सर पर नहीं उठाएगा? देखो कैसा पड़ा हुआ

है बेचारा चुपचाप उसकी गोद में सर देके? बहू दो रोटी डाल देगी तो उसका हाथ ही चाटेगा, दाँत नहीं दिखाएगा।'

'किसी दिन अपनी किसी जात वाली के पीछे चल दिया तो?

'अरे ये क्या औरत का जाया नहीं करता? कम-से-कम ये लौट के फिर उसी के पास आ जाएगा, जो उसे रोटी देती है। तीन बच्चे गोद में और एक उसके पेट में छोड़ के किसी डायन के साथ हमेशा के लिए गायब नहीं हो जाएगा। अब देखना माँ, बच्ची की हारी-बीमारी सब जाती रहेगी! खोटे ग्रह अपने आप भूल जाएँगे उसको। होता है, ऐसा होता है।'

'हारी-बीमारी है तो डॉक्टर के पास जाने से जाएगी। ये कुत्ता-बिल्ली से गठजोड़ कराने से क्या?'

'डॉक्टर? सरकारी डॉक्टर क्या जाने बुरी किस्मत क्या चीज होती है? गरीबनी के मन में क्या पक रहा है, उसे जानने का वकत भी होता है क्या? बिना सर उठाए, बिना आला लगाए छह ठो गोली का पर्चा लिख दिया, एकाध सुई लगा दी, हुआ। तीन दिन बाद फिर जाकर हाल वैसा ही है कहो तो कहता है, अच्छा खाना खाओ, आराम करो, खुश रहो। सिर्फ दवा से पूरा फायदा नहीं होगा। हुँह! आराम!' शुभदा जाला ऐसे झाड़ती है जैसे दीवारों को पीट रही हो। 'अरे आराम ही हमारी किस्मत में होता तो हम जनम भर कीड़ों की उस बस्ती में पड़े रहते।'

'लिखा है पुलिस मामले की जाँच कर रही है।'

'हाँ! पुलिस! उसे क्या?'

'अरे, चार बरस की बेटी का ब्याह कर दिया। गैरकानूनी काम किया, तो जाँच नहीं होगी क्या?'

'कुत्ते से भी मत ब्याहो, क्या ऐसा लिखा है उस कानून में?'

'नहीं। लेकिन...'

'कौन गवाही देगा माँ-बाप के खिलाफ? क्या कुत्ता अदालत में जा के कहेगा कि हाँ शादी हुई है?' शुभदा, हँसते-हँसते झाड़ू दरवाजे से अगले कमरे में फेंककर फिनायल की बाल्टी में पोंछा डुबोती है।

'हँसने की बात नहीं शुभदा।' मैं कहती हूँ पर उसके हँसी से फुद-फुद फुदकते आनन्दी चेहरे की छूत मुझे भी लग रही है। अनचाहते भी मैं हँस रही हूँ।

'अरी मेरी माँ। कम-से-कम ये कुतिया का जाया रात-बिरात शराब पीके तो घर नहीं लौटेगा? बहू को कच्चा-पक्का खाना परसने पर लात-घूँसों से धुनेगा तो नहीं? उसके घरवालों से कभी सैकल और कभी हाथघड़ी की फरमाइश भी नहीं करेगा। काला कुत्ता ही भला हमारे ऐसे मर्दुओं से, माँ।'

'पर बेचारी बच्ची...'

'अरे कैसी बेचारी? खुश है। उसे जामा-कपड़ा मिला होगा, मिठाई मिली होगी। बुलेट से खेलने का साथ हो गया। चार बरिस की बच्ची को और क्या चाहिए?'

'पर जब बड़ी होगी?'

'जब बड़ी होगी तब तक भी दुनिया बदलेगी नहीं उसके लिए—पैर ऊपर करो'—शुभदा पोंछ का विराट अर्द्धचन्द्राकार वार करती है। यह कमरा हो गया। उस पर तृप्ति की नजर डालकर शुभदा पोंछा बाल्टी में वापस फेंकती है, और तख्त के पास उकड़ूँ बैठकर धोती की छोर से गुटके का आधा पाकिट खोलकर ब्रह्मानन्द में लीन हो जाती है। फिर पीक गुलगुलाकर वह बाहर थूक आती है...'तुम मानो ना मानो माँ, बुरे ग्रह बड़ी खतरनाक चीज होते हैं... इसीलिए तो दुनिया में इतना जादू-टोना चलता है...मेरे बगल में है एक टोनही, जानो? पूत-भतार कुछ नहीं, पर खूब ठाठ से रहती है...सब जानते हैं कि वो काला जादू साधती है...पिछले हफ्ते हरामजादी मेरे बच्चों को अपनी गली में खेलने पर रगेदने लगी...सब चुप रहे, ऐसा खौफ है उसका...रात को मेरे छोटे वाले को टणमण बुखार, और दे उलटी-पे-उलटी...फिर मेरा माथा भी गरम हुआ...अपनी दोस्त को लेके मैं भी गई पटपड़गंज की मदरडेरी वाली एक टोनही के पास...एक बोतल दारू, एक देसी मुर्गा और इक्यावन रुपए। तब का दिन है, आज का दिन टोनही दिखाई नहीं दी किसी को। और बच्चा मेरा ठीक-ठाक है। अब तुम्हीं बताओ, कौन डॉक्टर और पुलिस ऐसे पटापट निबटाता हमारा मामला?'

यूँ शुभदा का काम और कथा-वाचन लगभग एक साथ उस बिन्दु पर, जहाँ मालकिन और नौकरानी या मनुष्य और कुत्ते या पुलिस और टोनही या माँ और चुड़ैल में फर्क खत्म हो जाता है।

'निष्फिकर रहो माँ,' वह जाते-जाते कहती है, 'कुत्ते से ब्याही वह अभागी लड़की नहीं मरेगी, हाँ मनुख से ब्याही जरूर मर सकती थी।'

हड्डी का गाना

उस्ताद रहमत खाँ साहेब ओट में बैठे गाना सुनते-सुनते सर हिलाकर दाद दे रहे हैं।

'वाह! ये किसका गाना है?' वे पूछते हैं।

'ये भास्करबुवा बखले हैं,' अगला कहता है, 'पंडत गा रहा है, पंडत।'

'नहीं, ये पंडत का गाना नहीं, यह तो हड्डी का गाना है।'

ऐसे कई किस्सों को लिये-दिये चलता था मेरा बचपन। थियेटर की शौकीन मेरी नानी एक कुदरती किस्सा-गो थीं। और किस्सों का यूँ, कि किसी एक को पकड़ लो तो मालूम नहीं कहाँ-कहाँ ले जाएगा।

'तो बिट्टो, अम्माजानी के साथ हम गए मूनलाइट थियेटर में 'शो' देखने,' नानी शुरू होतीं, 'हीरोइन पेशेंस कूपर जो थी, बड़ी बला की खूबसूरत, गोरी-चिट्टी, झील जैसी नीली-नीली आँखें।' अम्माजानी ने हमें बताया था कि वो कलकत्ते की तीन बहनें थीं। एंग्लो-इंडियन। उन्हीं की एक कजिन मिस अमीलिया अम्माजानी के महाराज जू की अंग्रेजी ट्यूटर रहीं, और अम्माजानी की बड़ी पक्की दोस्त बन गई थीं। उन ही ने अम्माजानी को भी कम्पनी थियेटर 'शो' देखने का चस्का लगा दिया था। तो इस 'शो' का नाम था 'भरत मिलाप'। और उसी शो में एक छोटे-मोटे रोल में हुस्नबानो भी थी, अपनी बाराबंकी वाली शरीफा की बेटी। 'भरत मिलाप' में उसका सीता का रोल था। खास रोल नहीं था, पर बी शरीफा ने खासतौर से हम लोगों को बुलवा भेजा था। उसी शो में महाराज जू के बड़े साले भी आगे बैठे थे, जो सतना साइड

के कोई बड़े ठिकानेदार थे। तो साहब हुस्ना पे वो रीझ गए। अपना सेक्रेटरी भेज के बी शरीफा को बुलवा भेजा। बी शरीफा अम्माजानी को बड़ा मानती थीं। अपने खास आदमी के हाथ उन्होंने रुक्का भेजा कि बहन क्या करें? लौंडिया तो अभी हमारी हैगी बस पन्द्रै की। उसे तो अकल नहीं। पे आपके महाराज जू के साले साहेब की नजर में आ गई है। अब सेक्रेटरी को तो तुम जानो हो, दोमुँहा शख्स है, इधर भी जी हुजूर, उधर भी हाँ जनाब! कहीं रानी साहबा जूतियों से तो ना पीटेंगी हमें?

सब जानै थे कि दरबार के सेक्रेटरी से खुद रानी साहबा का काँटा भिड़ता है। और साले सरकार के वो थे, हमप्याला हमनिवाला। भाई की ही तरै रानी साहबा भी, यूँ के बला की झक्की। शाम से पीना शुरू कर दें। बल्लभसागर वालों की लड़की थीं, दो बोतल शराब एक बार में पीती थीं। वहीं की कोई तेज शराब अनार की, अदरक की, सब। और रात को डफ के ऊपर गाना सुनती थीं। सोती तब थीं जब मरफिया का फुल्ल डोज दिया जाता था। वैसी ही गुस्सैल झक्की जैसे उनके भाई। राजाओं की बातें ही निराली होती थीं...।

आखिरकार गुस्सा-डर थूक के शरीफा ने लौंडिया को भेज ही दिया। आठ बरस वो महल में रही साले सरकार की मुँहलगी बन के। इसी बीच कमबखत ने कभी अम्माजानी का नाम ले के बता दिया साले सरकार को कि आपका बुलावा जब आया था तो हमको आपको ना भेजने की सलाह दी थी, हमारी अम्मा को, शेरकोठी वाली श्यामाबाई ने। बस सतना वालों ने समझो कि बात गाँठ बाँध ली, औ' बाद को यूँ बदला लिया कि अम्माजानी को अपने जीजा महाराज जू से जुदा ही करा डाला।

कहा न हमने कि किस्सों का क्या ठिकाना कहाँ ले जावें? शुरू होंगे भरत-मिलाप नाटक के शो से, और सीधे ले जाएँगे अम्माजानी और उनके मालिक की जुदाई तलक। और जुबान का भी क्या? जहाँ जैसी मिल गई हम लोग पकड़ लेती थीं। वहाँ अपनी शेरकोठी में एक जुबान पाई, मुम्बई में जा के दूसरी, स्कूल में तीसरी सीखी, और यहाँ न्यूजर्सी आकर चौथी में फटाफट बोलना सीख लिया। फिर भी बचपन की जुबान ही होती है, जो खाल बनकर

हर अच्छी किस्सागोई पर चढ़ी रहती है, शुरू से आखीर तक। तो आज भी शेरकोठी की कहानी हम वहीं की जुबान में कहती हैं। लेकिन जब नाच-गाना सीखने अमरीकी अंग्रेजी बोलते हुए हमारे स्टूडेंट आते हैं, हम उनसे वैसे ही बतियाती हैं, जैसे उनके माँ-बाप। फिर क्लास शुरू हुई और तोड़े और कवित्त, परन और पढ़न्त शुरू की नहीं कि अम्मा और मैं वापस शेरकोठी जा पहुँचती हैं। जहाँ का शरीर, वहीं की पढ़न्त और बोलबनाव तो होंगे ही।

बचपन में हमें लगातार बहुत कुछ बता दिया जाता है, क्योंकि हम नासमझ होते हैं, और एक ही जुबान जानते हैं। बड़े होकर जब कई बार जुबान और समझ बदल जाती है तो अलग-अलग जुबानों में कहे-सुने किस्सों की कड़ी-से-कड़ी जुड़ती चली जाती है और तसवीर एक नई तरह से धीमे-धीमे मुकम्मल होने लगती है जहन में।

मैं दस की थी जब नानी ने मुझे समझाना शुरू किया कि तेरे पापा भगवान के पास चले गए। अगले दो-तीन सालों में टुकड़ा-टुकड़ा यह भी जान लिया कि भगवान के पास जाने से कोई बरस-भर पहले वे अम्मा और मुझसे मूँ फेर के अपनी बीवी और बच्चों के पास चले गए थे।

'क्यों?' नानी की उँगलियाँ चटखाते मैंने पूछा। नाजुक चम्पाकली जैसी उँगलियाँ थीं उनकी उस उमर में भी। पोर और हथेलियाँ हमेशा हिना से लाल रखतीं। और एक उँगली में था अम्माजानी की अँगूठी का बड़ा-सा हीरा किरनें छोड़ता हुआ।

'अरी नासमझ!' नानी अम्मा ने कल्ले में पान बीड़ा भरते बताया था, 'असिल लुगाई तो उसकी वही थी न? लड़के-बच्चे, माँ-बाप सब को छोड़ के वो तेरी अम्मा के प्रेम में खिंचकर इधर आ भी बसा, तो क्या? अन्त समय में तो सबको परिवार याद आता है। हम लोगों का क्या? जब तक मूँ पर बोटी, तब तक यार घर रोटी।'

'पर वहाँ हम लोगों की याद क्या नहीं आती होगी उनको?'

'क्यों?' नानी अम्मा मेरे सवाल का जवाब अपने सवाल से देकर उठ गईं और बावर्चीखाने में बटलोई में झाँकती हुई कड़छी से सालन हिलाती

रामरती पर बरसने लगी थीं। 'ये सालन हैगा कि धोती धोए का पानी? औ' ये बोटियाँ देखो। भेजना उस हरामखोर शराफत को मेरे पास। जब आएगा बकरे के साथ उसे भी जिबह कराएँगी हम।'

घर में डोलते-डोलते न जाने कब इलहाम हो चला कि शेरकोठी में मेरे पापा की एक भी तसवीर नहीं टँगी थी, गो ढेरों और तसवीरें दीवारों पर कतार से लगाई गई थीं। नानी अम्मा के उस्तादों की, अम्मा के उस्तादों की। गायकों की, एक्टरों की। कई पर हार भी पड़े रहते। और त्योहारों पर उनके आगे हम हमेशा लोबान जलाते।

मेरे पापा नानी अम्मा के किस्सों से उभरी एक हलकी-सी फुसफुसाती परछाईं भर थे, बस।

किस जुबान में पुकारा जा सकता है उसे, जो सिर्फ एक हिलती परछाईं भर हो?

सोचते-सोचते मन अलोना हो जाता था मेरा।

और अम्मा ने तो मानो मन की कोठरी पर ताला ही डाल दिया था। अब गाना ही उसका सब कुछ था। हड्डी का गाना।

नानी अम्मा को दुमंजिला कोठी अपनी माँ, यानी मेरी परनानी जो अम्माजानी कहलाती थीं, से मिली थी। मेरे बचपन तलक शहर ऐसी विकराल शक्ल नहीं रखता था। हरा-भरा था। सड़क-सड़क गाड़ी चलाते हुए आने वालों को तब दूर से पेड़ों के पीछे लगभग छिपी यह कोठी गौर से देखने पर ही टुकड़ा-टुकड़ा नजर आती थी। बाद को तो तमाम बसासत आ पैठी थी। इलाके के कई खेत खाली कराके नानी अम्मा की माँ अम्माजानी के लिए महाराज जी ने ये कंगूरों, परकोटों, बाग-बगीचों, फव्वारों वाली कोठी बड़े चाव से बनवाई थी। मिर्जापुर से संगतराश आए थे, और कोठी के गेट पर बड़े जतन से दो बड़े-बड़े शेर पत्थर से तराश कर लगा गए थे। तभी से कोठी कहलाने लगी शेरकोठी। महाराज जू को यहाँ अकेले में रहना ही सुहाता था। उन्हें अपने

अलावा और किसी के आने-जाने पर सख्त एतराज था। लिहाजा श्यामाबाई के लिए कोठी शहर के अकेले-थकेले बाहरी हिस्से में बनवाई गई थी। बाद को भी कुछ पुराने नौकर-नौकरानियों, साजिन्दों और आते-ज़ातों की भीड़ के बावजूद वहाँ पूरे टाइम सिर्फ हमीं तीनों मुकम्मल तौर से रहते थे : नानी अम्मा, अम्मा और मैं।

नानी अम्मा बताती थीं, जब वे छोटी थीं, दिन-रात अम्माजानी की बैठकी से गूँजता उनका गाना सुनतीं, और बगिया में खेलती रहतीं। घर पर ही ट्यूटर उनको पढ़ाने आते थे। निचली मंजिल में उनके लिए रियाज का कमरा बना था। वहाँ सुबह-शाम उस्ताद जी आते, और नाच-गाने का रियाज चलता। होली, दशहरे पर महफिलें सजतीं, पर तभी जब महाराज चाहते। और उसमें सिर्फ वो होते और उनके दोस्त। मजाल किसी की कि फब्ती कसे या ऐसा-वैसा कुछ करे। बस अम्माजानी गाती थीं और महाराज जी बैठे सुनते थे।

कभी-कभार वो फर्माइश पर पुरानी चीज गाते हुए भाव बतातीं, और गुड़गुड़ी पीते महाराज जी बस उन्हें देखते रहते। पूरे शहर में अम्माजानी बड़े सरकार की डेरेदार रखैल मशहूर थीं। क़ोठी के बाहर हुजूर के चोबदार पहरा देते थे। अम्माजानी की डेवढ़ी कोई ऐरा-गैरा लाँघ क्या, छू भी नहीं सकता था। फिर कई बरस बाद जाने क्यों महाराज जू का कोठी आना यकायक छूट गया। पूछने पर नानी अम्मा ने कहा एक बार हँसी में ही महराज जू कुछ बात ऐसी बोल गए जो कि कलेजे पर ले ली अम्मा ने। बड़े लोगों की बड़ी बात। कान भरने वालों की कोई कमी होती है महलों में? पर हयादार थे बड़े सरकार, न आवाज ऊँची की, न सर झुकाया। बस उठे, औ' चले गए।

अम्माजानी ने उसके बाद कहीं मुजरा-गाना नहीं किया। बयाना आता भी तो अपने बजाय बस मुझे भेज देतीं। घर-संसार तो चलाना था ही। पर अन्त तक लौ लगी रही उनकी अपने महाराज जू से। इतनी बड़ी कोठी बस भाँय-भाँय करती रहती थी, बिना हुजूर के। एक अम्माजानी, एक मैं, और कुछेक पुराने नौकर-चाकर। रियाज को साजिन्दे आ जाते थे बस, और उस्ताद जी!'

'तुमको अकेलापन नहीं लगता था?'

'नाहीं, नौकरानी थी न हमारी शुबरातन, उसकी तीन बिटियाँ रहीं रहीमन, फहीमन, और नूरी। उनहीं से खेलते रहते थे हम। कभी-कभार फत्ते उस्ताद अपने बेटे को ले आते थे।'

जो हड्डी वाला गाना गा सकता है वही निपट अकेलापन भी झेल सकता है।

कोई गाने की इल्तजा करता तो अम्माजानी बस हाथ जोड़ देतीं के अब तो बुढ़ापे का घुँघरू बजने लगा है इस दईमारे कंठ में। अलबत्ता बेटी हमारी सुरीली है, इस पे निगाहे करम बनाए रखें। ऊपरवाले की दया से हमारे खानदान का नाम रौशन करेगी। बड़े लोगों की बड़ी बात।

'मोतीलाल, तेरी माँ के बाप' नानी की कहानी चलती जाती, 'यानी तेरे नाना थे पंडत मोतीलाल मिसिर। गोरे-चिट्टे लम्बे कद के थे। मैं शाम को महफिल में बैठती तो, आन के गावतकिए पर उठंग जाते। अम्माजानी ने बताया था कि दरअसल उनके माँ-बाप का दिया नाम तो था किरपाशंकर। घरवाले बड़े भारी कनौजिया इतर के व्यापारी थे। लेन-देन करोड़ों में चलता। पर अम्माजी ने शुरू दिनों में पकड़ लिया कि पंडत जी का दिल बही-खातों में नहीं, बस संगीत में बसता था। भास्कर बुवा बखले के शागिर्द से गाना सीखे थे हमारे पंडज्जी। और जब आग्रह में माँड में जयदेव की अष्टपदी गाते थे 'क्षणमधुना नारायणमनुसर अनुसर मा राधिके', तो ये जानो कि चौक तक कलेजे चीरती हुई आवाज चली जाती थी उनकी। सड़क चलते जन रुककर कह उठते थे, 'वाह! क्या आवाज है!' एक वही थे जिनकी आमद पे खुद अम्माजानी बैठकी में आतीं, और सौ-सौ जतन से बिठातीं। आखिरकार कहती थीं, हुनर का ऐसा कद्रदान तवायफों में कि एक जनम में घरवाली, बच्चे सब वहाँ, औ' वो आन बसे शेरकोठी में।

'उसी नाम का एक मोतीलाल एक्टर भी हुआ करता था उन दिनों, बम्बई वाला। पन्द्रै-सोलै की उमर में उसकी फिलिम देखी थी। बस पंडज्जी को देखते ही लगा कि ऊपर वाले ने तमन्ना पूरी कर दी हमारी। मोतीलाल एक्टर ने तो शादी-आदी नहीं की थी, पर पंडज्जी जैसा की घुड़दौड़ का शौकीन और बला का शराबी वह भी था। कहना पड़ेगा तमाम ऐब होते हुए भी, दोनों

बेमुरौवत नहीं निकले। अन्त तक निभाया अपनी रखैल को मोतीलाल एक्टर ने भी, तेरे नाना ने भी।'

यादों की दुनिया रिक्ति की दुनिया है। चीजों के खो जाने से बने खाली खानों की दुनिया। मन बार-बार वापस लौटकर उन्हें यूँ टटोलता है, जैसे जीभ टूटी हुई दाढ़ को खोजती रहती है। दिन-रात खाट पर पड़ी नानी उलट-पलट कर पुरानी यादों के एलबम पलटती रहतीं। क्या वो समझती थीं कि कोई फोटो अचानक जीते-जागते इनसान में तबदील हो के, यूँ मुस्कराता हुआ उनके पैताने आ बैठेगा जैसे कभी कहीं गया ही न हो?

'मेरी बड़ी ख्वाहिश थी, कि मेरा ये दम जब जाए तो बस एक सधी हुई सपाट तान के साथ यूँ फिसल के चला जाए, जैसे बाँसुरी से फूँक। पर मन की हर साध कहाँ पूरी होती है?' गठिए से अशक्त गुड़ी-मुड़ी अपनी खाट पर पड़ी नानी कहतीं, 'सिद्धेश्वरी भी तो यूँ ही कहा किए थी। उसकी भी अन्तिम घड़ियाँ मेरी तराँ कटीं। वो तो बड़ी भागोवाले होते हैं, उस्ताद अबुलकरीम खान सरीखे, कि ट्रेन से उतरे, प्लेटफॉर्म पे जानमाज बिछा के सदके में झुके, और बैरागी के सुरों के साथ ही दुनिया से कूच कर गए।'

नानी के जाने के बाद अम्मा मुझे भी नहीं खोना चाहती थीं। हर खत में वही बात लिखतीं, बस तेरी स्कूल पढ़ाई पूरी हो ले तो मैं उबर जाऊँ। हमारे खानदान में तू ही पहली लड़की होगी, जिसने हॉस्टल में रहकर मेमों से विद्या सीखी है। पर मेमों की दुनिया हमारी नहीं हो सकती, तू बस पढ़ाई करके लौट आ।

लेकिन अम्मा ये भी नहीं चाहती थीं शायद कि मेरी तालीम मुझे शेरकोठी की ड्योढ़ी से इतना बड़ा बना दे कि मुझे अपना पेशा नागवार लगने लगे और उनका बुढ़ापा खराब हो। यूँ मेरी सूरत और सीरत मामूली-सी थी। गला भी साधारण। कुछ तो ऐसा होना चाहिए था मुझमें कि अगला मुड़ के देखे। 'अंग्रेजी पढ़ाओ इसे,' नानी ने फरमान दिया था, 'मेमों कने रै के अंग्रेजी शऊर सीखेगी तो ना सही अम्माजानी, मिस अमेलिया जैसी तो बन ही जाएगी

न? इसके नाना क्या बढ़िया अंग्रेजी बोलते थे। कलक्टर कमिश्नर भी कहते थे, थैंक्यू! थैंक्यू!'

अम्मा-नानी की बैठकी में जो फोटुएँ लगी थीं, उनमें नाना के साथ मोतीलाल एक्टर की भी फोटू लगाई गई थी। सचमुच में एकदम जुड़वाँ लगते दोनों। अंग्रेजी चाल के कपड़ों में लैस। पोमेड से चमकते बालों वाला सर तनिक गर्दन से झुकाए एक हलकी शरारती मुस्कान के साथ सिगरेट सुलगाते हुए मोतीलाल, और कुर्सी पर बैठे मुस्कराते मेरे नाना। एक्टर मोतीलाल की ही तरह उनके हमनाम मेरे नाना भी बकौल नानी के बड़े खुशदिल और बुलंद बाँग यानी ऊँचा बोलने वाले थे हर बात, हर हरकत में। और बकौल खुद नानी पे वो इसलिए मर मिटे थे कि वो भी उनहीं जैसी खुशदिल और साफ-गो थी। शाम को शेरकोठी में महफिल जुटती तो मुखिया वही होते। और उनके शराब का सेशन शुरू हुआ नहीं कि बोटी-बोटी फड़कने लगती। एक-एक करके सारे दोस्तों को छेड़ने लगते। कोई चुप्पा शायर हुआ तो कहते—जो शराबनोशी ही न कर सके, वो लिख कैसे सकेगा भला? जो पीने से झिझकता, उसे चपत मार के पिलवाई जाती। पक्के राग के गानों की अन्ताक्षरी होती, जो जीतता उसे देते एक अशर्फी। एक बार के सारे-के-सारे यार पंडत जी के कहने से जूते उतारकर शहर की सड़कों पर आधी रात गए दौड़ते जा निकले। कई बार रात को थाने से फोन आता कि जनाब अमुक जगह यारों के साथ हुड़दंग करते पकड़े गए। शेरकोठी ही फोन करें, घर पर नहीं, उनका हुकुम होता, तो कैसे उदूली की जाती? दारोगा, डी.आई.जी. सब उनके मुँहलगे थे। बकौल नानी सब उनकी अंग्रेजी सुनकर कहते थे, थैंक्यू-थैंक्यू!

हर आठवें-दसवें ऐसी निकम्मी बातों पे खटपट हो जाती थी, पर फिर कुछ वक्त बाद वापस। न ये सुधरते, न वो सुधरतीं। तमाम गधापचीसी के बाद भी नाना मरहूम आखिरी वक्त तक नानी का हाथ थामे-थामे रहे। कुल चालीस की उमर थी, पर खुद कहते कि अपनी मोमबत्ती हम दोनों ओर से जला रहे हैं ऊपर वाला खैर करे। ऊपर वाला भी कब तक खैर करता? हाथ-पाँव ठंडाने लगे तो नानी ने कहा, 'पंडतजी, चले?' टेढ़ा मुँह करके तनिक हँसे,

और इतना ही बोले, 'हाँ, दोस्त।' और पुतलियाँ उलट गईं। बस।

'क्या नाना सचमुच मोतीलाल एक्टर ऐसे ही दिखते थे?' मैंने नानी से पूछा था। तब तक वे चारपाई पकड़ चुकी थीं, और लेटी-लेटी बस उनकी तसवीर पर टकटकी बाँधे लगातार बोलती चली जाती थीं जब तक अम्मा धमका के चुप न करा देतीं। अभी वह चुप रहीं।

'केतकी कहती थी मोतीलाल एक्टर तो एक जीनियस था।' मैंने उन्हें उकसाने को कहा।

'जीनियस जो हैं ना, आधे खब्ती होते हैं,' नानी यकायक फट पड़ीं, 'तेरे नाना भी अपनी तरह के जीनियस ही तो थे, और इसीलिए वो भी खब्ती थे। मेरा नसीब मानो खब्ती से ही बँधा था। यहाँ तक तो गनीमत थी, पे आगे जाके जैसा मेरा नसीब ठीक वैसा ही तेरी माँ का भी निकला। ऐसा ही था तेरा बाप भी। सिवा इसके कि पंडज्जी अंग्रेजों के हिमायती थे, तेरा बाप पन्ना सुराजियों का। समझ ही नहीं आता कि इन खब्तियों को कैसे खुश रखा जाए। उनकी हर पसन्द-नापसन्द का खयाल रखो तो भी ऐन मौके पर पलट जाएँगे और कह देंगे, किसने कहा मुझे ये पसन्द है? मैं तो इससे सख्त नफरत करता हूँ। तेरा बाप पन्नालाल, एक तो एक्टर था, तिस पर इकलौता बेटा। समझो के करेले पे नीम! चिरैया जित्ता खाता था। अपनी फोर्ड मोटर सड़क पर छोड़ के धूप में छाता लगा के पतली-सी चौक की गली में कोई मील भर चलकर उनकी पसन्द की दुकान से ताजा कचौरी तुलवा के लाती तेरी माँ तो जनाब कह देते कि ऐसा तला-भुना तामसी खाना वो खाए क्या, देख भी नहीं सकता। गाने वाली होके भी क्या पता नहीं कि गाने वालों और एक्टरों के लिए ऐसी गिजा कितनी भारी पड़ती है?

'अब क्या कहे तेरी माँ कि हफ्ताभर पहले यही एक्टर चार पेग ठोंकने के बाद पूरी चंगेर भर कचौरियाँ खा गया था, और पूछा भी नहीं कि कोई और भी खाएगा क्या? वो तो वैसे ही सदा की तबीयतन चुप्पी पित्तमार है। बस मुस्कुरा कर रह गई। पर सच पूछो तो उस घड़ी मेरा जी तो करता कि वही चंगेर फेंक मारो इन जीनियस रईसजादों के सर पे। हम हुनर के लिए

मर मिट जाएँगी, तो भी रहेंगी बाई की बाई जी, और ये दोनों तरफ अपनी मोमबत्ती जलाने वाले जीनियस बन जाएँगे पंडित और उस्ताद। पर हम भी तो उनकी चिरौरी पे उतर आती हैं कि आय हाय, गलती हो गई, लो अभी करारी मिस्सी रोटियाँ सिंकवाए देते हैं आप कने। अब चलिए, बहुत देर हुई। एक कौर मूँ में डाल ही लीजिए।

'जीनियस? हूँह्! चले आते हैं देर रात गए, कपड़े उलटियों से सने हुए, एक पैर इधर तो दूसरा उधर, नशे में चूर! ब्याहता हो तो बाहर धकेल के साँकल लगा दें। हम ही हैं जो उन्हें ले जाती हैं सहारा दे के मुँह धुलवाने, उनके गंदे पोतड़े बाल्टी में भिगोकर अगले दिन उन पर कलफ इस्तरी करवाने। हमारे नौकर-दाई मुँह छिपाकर हम पर अगले रोज हँसेंगे, हम ये भी जानती हैं, पर फिर भी हम जानती हैं कि ये हमारा धंधा फरेबकारी और फर्माबरदारी दोनों ही का है। जीनियसों को ताने-तिश्मे सुनाने का हक किसी को है तो इनकी ब्याहताओं को ही है। हमारे नसीब में अन्त समय इनके हाथ की तुलसी-पानी नहीं लिक्खा।'

अपने पंडज्जी की इतनी बातें करने वाली नानी मेरे पापा के बारे में उठने पर अक्सर बात को इधर-उधर कर देतीं। और अम्मा हमारी तबीयतन खामोश ही रही आईं। दिल की दिल में ही रखती रहीं। नानी ज्यादा कुछ बक जातीं तो तरेर के देख भर लेतीं। एक बार बस इतना ही बोली थीं कि 'डाल गरे बइयाँ मैं रोए-रोए जानियाँ।' और चम्बे की गोरी वाला पंजाबी गाना उन्होंने किसी नाटक में सुना था और जाने कहाँ से खोज के इसका रिकॉर्ड भी ले आए थे। पुराने चाभी वाले बाजे के साथ के काले आबनूसी बक्से में अम्मा ने उनके वो सारे पसन्दीदा रिकॉर्ड सहेज के रखे थे अभी भी। अम्मा से चाभी माँग के मैंने हजारों बार उनके साथ रिकॉर्ड सुना होगा—

गोरी दा चित्त लगा चम्बे दियां धारा
चम्बे दियां धारा पैणे फुवारां,
यारा दे नाल बहारां।...

सुनते-सुनते अम्मा के गालों पर मोती जैसे आँसू बहने लगते तो नानी की कोटरग्रस्त मटमैली आँखें उनके घोंसला बन गए बालों तले कबरबिज्जू जैसी चमकतीं। 'बड़े-बड़े खानदानी नवाब और राजे हमारे लोगों के नाच-गाने पर सोने और चाँदी की बारिशें करते तो हैं, पर बारिश थमी नहीं कि वापस जाके ये अपनी-अपनी खानदानी औलादों को सीने से लगा लेते हैं और उनके पास इनका दिल रहता है हमारे पास बस यादें रह जाती हैं। 'यारां दे नाल बहारां...' दगाबाज कहीं के।'

इतना लम्बा बोलकर नानी की हँफनी छूट जाती थी। वे तकिए पर सर डाले लेट जातीं। मैं जवाकुसुम तेल धीमे-धीमे पोरों से उनकी चंदिया पर मलती। देर तक उनके सर पर अपनी नन्ही उँगलियों से खुशबूदार तेल की मालिश करती। कोशिश करती कि शायद कुछ और भी बता जाएँ पापा के बारे में, ...यारा दे नाल बहारां। पर नानी भी अम्मा की तरेर तले खामोश हो रहतीं। 'जा भाग खेल रहीमन के साथ' मुझसे कह दिया जाता। न जाने कहाँ छिपा डाला था अम्मा ने सात तालों में अपना गुजरा जमाना कि अब उस तक कोई नहीं पहुँच पाता था, न उनकी माँ न बेटी। शायद वह भी उसे वहाँ रखकर उसे भूल ही गई हों। आखिर भीड़ भरी सड़कों पर अपनी मोटर में बैठकर पापा चले भी तो कितनी दूर गए थे।

सिर्फ कभी जब उनकी पसन्द का रिकॉर्ड गाता 'चम्बे दियां धारा', तो अम्मा की आँखों में भक्क से कुछ जलकर छन भर में बुझ जाता था।

नानी की माँ अम्माजानी उर्फ श्यामाबाई की भरी जवानी की एक बड़ी-सी फोटू भी लगी रहती थी, उनके पैताने। इतनी सुन्दर, इतनी सुन्दर जैसे कि मुझे शब्द नहीं मिलता तो नानी टीप देतीं, 'जैसे कोई रानी-महारानी हो।'

'पैलेस के फोटूग्राफर ने निकाली थी उनकी अम्माजानी की ये फोटू', नानी ने बताया था, 'सोलै की उम्र में बधावा गाने पैलेस गई थीं, अम्माजानी। बस महाराज जी का दिल उनके ऊपर आ गया, सो आ गया। छह बरस अपने गले का हार बना के रखा पैलेस में। पर उस बरस जब साले साहब ने कम्पनी वाली बात पे अम्माजानी और हुजूर के बीच बिगाड़ कराया और

महाराज जू ने हँस के याद दिला दिया कि तवायफ की औकात क्या है तो गुस्से में बिफरी अम्माजानी ने आव देखा न ताव, कह दिया कि, दरबार, अब आप हियां आव तो हमारा मरा मुँह देखें।'

पानीदार आदमी थे महाराजा जी। दस गन की सलूट वाली इस्टेट के मालिक थे। उनके सामने बगैर साफा जाना होता था सबको। रानी साहबा के भाई बेहद मुँहलगे थे। मुँहजरी शरीफा की बेटी की सुनी-सुनाई में नमक-मिर्च देके जाने क्या-क्या कहा होगा। अम्माजानी अमीलिया को थियेटर से निकाले जाने पर महाराज जू ने कहा कि आपने पढ़ा नहीं, टिकटों पे लिखा था, 'प्रॉस नॉट अलाउड' यानी तवायफें बाहर रहें। पे अम्माजानी भी डरने वाली नहीं थीं। कहा कि देखिए दरबार साहब जैसा छोटे सरकार कह गए, आपकी पहाड़ जित्ती इज्जत है और हमारी नाखून जितनी। बेहतर हो आगे आप अपनी इज्जत सँभालें, हम अपनी सँभालेंगी', इत्ता बोल के अम्माजानी फिटन पर वापस अपनी शेरकोठी लौट आईं।

पे हयादार होते थे उस जमाने के जमींदार-रजवाड़े। पीछे सेक्रेटरी के हाथों दरबार के यहाँ से जवाब आया कि कोठी और गहना-गुरिया लौटाने की कोई जरूरत नहीं। महाराज जू ने दिल्लगी में कही बातें भूलने को कहा है। अम्माजानी ने सेक्रेटरी साहब को बिठा के रुक्का पढ़ा, 'हम तो ये सोच के न हँसते थे कि रोना होगा।' अम्माजानी ने रुक्का सर से लगाया और रुँधे सुर में इस इतना कहा कि दरबार जू से कह दें नाली की ईंट चौबारे नहीं चढ़ सकती। भगवान उन्हें औ' रानी साहबा और उनके भैया हुजूर को लम्बी उम्र दे।

बिगाड़ की जड़, कम्पनी वाली बात यूँ थी कि शहर में एक बड़ी पारसी थियेटर कम्पनी आई हुई थी, नानी बतातीं। उनकी अम्माजानी ने हाथ-के-हाथ अपनी सहेली और महाराज जू की अंग्रेजी की प्राइवेट ट्यूटर मिस कैमीलिया के लिए दो ठो हरे स्पेशल क्लास के टिकट मँगवा लिए। उनको पता नहीं था कि दईमारी इस कम्पनी का डिसिप्लिन का कायदा एक्टरों पे ही नहीं पबलिक पर भी लागू होता था। पबलिक का कोई भी ऐरा-गैरा सामने के सोफों पर नहीं बैठ सकता था। उसके लिए पाँच रुपए का हरे रंग का स्पेशल क्लास टिकट

खरीदना होता था, जिसके ऊपर अँग्रेजी में लिखा रहता था के तवायफों को इस क्लास में बैठने की मुमानियत है। अब दरबार साहब की रखैल को भी तवायफ ही माना जाएगा, ये बात न अम्माजानी के दिल में आई न कैमीलिया के। उलटे कैमीलिया ने अम्माजानी को टिकट की इबारत पढ़के अंग्रेजी में कहा कि ये लतीफा भी देखो, सामने स्टेज पे तवायफ सीता का रोल करेगी तो ठीक, पर यहाँ हमारे साथ में नहीं बैठ सकती।

सामने वाली सीटों पे मखमल के सोफे पड़े होते थे, औ' हाकिम हुक्काम, ताल्लुकेदार रजवाड़े और कम्पनी के प्रोप्राइटर वहाँ बैठते थे, सोडा-लेमन पीते, पान खाते, नाटक का सुख लेते थे देर गए रात तलक। वहीं अब अम्माजानी और कैमीलिया जाके बैठीं। एक तो दोनों बला की खूबसूरत और तिस पर अम्माजानी थीं महाराज जी के दिए हीरे-जवाहरातों से मढ़ी-मढ़ाई। पर उनको क्या खबर कि दरबार के साले सरकार, जिनकी रखैल को शेरकोठी की श्यामाबाई ने उनके पास न भेजने को शरीफाजान से कहा था, पहले से कुढ़े बैठे थे। चढ़ बैठे बस कि अब ये दोनों हाकिमों-मालिकों के साथ सामने बैठ के इस शहर में नाटक देखेंगी क्या? कम्पनी के मालिक पारसी शेठ थे कोई कावसजी खटाऊ जी करके। भले आदमी थे। स्पेशल क्लास के सामने की तीन मालिकाना कुर्सियों में से एक पर बैठकर हर शो देखते थे वो। तो साले सरकार ने कहा उनसे 'सेठजी!' वो खड़े हो गए, बोले, 'आइए, छोटे सरकार!' छोटे सरकार की त्योरियाँ चढ़ी थीं। वे बोले, 'नहीं तो बात क्या है?' ये बोले, 'आज तो महल से तवायफ आपके स्पेशल क्लास में बैठी है।' सेठजी घबड़ाए, बोले, 'हमारे यहाँ?' 'जी वो जो श्यामाबाई बैठी है, मेम के साथ, अपने दरबार जू की रखैल है।'

बस अन्दर कहला दिया गया कि अभी पर्दा ना उठाना, रोक के रक्खो, यूँ घड़ी के बड़े पाबन्द हुआ करते थे कम्पनी वाले। सेठजी पहले खुद आए अंग्रेजी में अम्माजानी से, मिस कैमीलिया से चिरौरी करते रहे कि तनिक साइड में आके बात कर लें। बराए मेहरबानी। पे अम्माजानी थीं, घाघ। डपट के बोलीं, 'गैट आउट! टिकट खरीदा है हमने, नहीं उठेंगी।' इत्तफाक से

दिल्ली के पुलिस डी.आई.जी. मालिकान के उस दिन गेस्ट थे। थोड़ी देर में क्या देखती हैं कि कम्पनी के लहीम-शहीम छह दरबान और पठान आए, और अदब से चारों तरफ से घेर के बमय सोफे के दोनों सहेलियों को उठा के उनकी फिटन कने छोड़ि आए। कैमीलिया, 'डैम इट! डैम इट!' करती रह गईं, अम्माजानी ने कहा, 'तुमको जेल न भिजवाया तो...' पर कुछ नहीं हुआ। कप्तान पुलिस से साले सरकार तक सब कम्पनी के कानून के साथ खड़े हो गए थे। एक तवायफ की क्या हस्ती थी यहाँ? क्या कर सकती थीं वो या कैमीलिया? गुस्से से पैर पटकती पैलेस लौट आईं दोनों।

तू हँसती है? ऐसे ही किस्सा सुन के महाराज जी भी हँस पड़े थे, और अम्माजानी ने बस बात दिल पे ले ली सो ले ली। अजीब औरत थी!

मैं जिस बरस पन्द्रह की हुई, नानी अम्मा की मैयत उठी थी। मिट्टी के उठ जाने के बाद भी महीनों तक मौत की गंध कमरे से गई नहीं थी। दवाओं, लोबान, पेशाब और उल्टी की मिलीजुली वह गंध दीवार भेदकर मेरे बगल के कमरे में कभी रात गए चली आती, और मुझे लगता नानी अम्मा मुझे पुकार रही हैं, तनी तकिया उठा दे बिटिया, करवट बदलवा दे मुझे! एक घूँट पानी की पिला जइयो जाने से पहले...हाय री मेरी मतइया! हा...य!

मैं तकिए के नीचे सर घुसेड़कर चादर ऊपर तक खींच उसका साउंडप्रूफ तम्बू बनाने की कोशिश करती।

फिर अम्मा ने मुझे हॉस्टल भेज दिया और खुद मुम्बई चली गईं। फिल्मों में कुछेक दिन काम किया, कुछ रिकॉर्ड बनवाए। बम्बई में ही अम्मा की मुलाकात हुई पंजाबी रईस जतिन्दर सिंह से। यू.पी. के मेलों में टैंट लगाकर सिनेमा दिखाने वाले जतिन्दर ने भी कम्पनियों की तबाही और बिखराब को बड़े करीब से देखा था। अम्मा अब मुम्बई में पैर टिकाने को ठौर खोज रही थीं, जो जतिन्दर ने उन्हें दे दिया। मेरे पापा की ही तरह जतिन्दर भी फर्राटेदार अंग्रेजी बोलता था, और मेरे नाना की तरह चुरुट पीता था। जतिन्दर के परिवार के लोगों को भनक मिली तो उनका एक झगड़ालू जत्था सीधे मुम्बई चला आया। अम्मा ने तो कम कहा, पर हमारी पुरानी शरबतिया ने बाद में

सर की कसम दिला के जो कहा उसका सार यह था कि जतिन्दर ने अपने सालों से कहा कि अम्मा उसकी बिजनेस पार्टनर हैं बस, और कुछ नहीं। यूँ बात एकदम गलत भी नहीं थी, अलबत्ता अम्मा को लग गई। उनकी अब तक अच्छी कमाई का हीला लग चुका था, सो कमाई अम्मा करतीं, खरचता था जतिन्दर। उधर पंजाब से यू.पी. तक बड़े-बड़े सिनेमा हॉल बन चुके थे, सो 'दि सिंह ट्रैवलिंग टाकीज' भी नौटंकी कम्पनियों की ही तरह दिवालिया हो चली थी। उसका मिजाज चिड़चिड़ा होता जा रहा था, बकौल शरबतिया एकाध बार अम्मा पे हाथ भी छोड़ दिया था। बहरहाल जतिन्दर के लोग माने नहीं, उसे अपने साथ वापस घर ले गए। अम्मा ने, और उनसे ज्यादा शरबतिया ने राहत की साँस ली। 'जानो बिटिया,' उसने कहा, 'ई हमार बाई जी तो बस आपन रियाज किहिन और रिकॉर्डिंग, अउ ऊ मुँहजरा बइठ के बस मुर्गा चबाइस, दारू पिहिस। एक बार हमारऊ आँचल पकड़िस तो हम कड़छी से दन्न अइसन मारा दहिजरा के कि नसा काफूर हुई गवा!'

तो जतिन्दर भी उसी तरह अपने घर चल दिया, जैसे मेरे पापा चल दिए थे। जैसे अम्माजानी के महाराज जू...घर? हमारा घर उनका क्या था? हमीं उनके क्या थे?

मैंने अम्मा से साफ कह दिया मुझे नहीं करनी शादी-वादी। मेरे स्कूल में अम्मा ने किसी को भनक नहीं लगने दी थी हमारे खानदान की बाबत। पर अब वह भी थक चली थीं। मैं डॉक्टरी पढ़ना चाहती थी, पर पहली बार अम्मा ने हथियार डाल दिए। और मैंने तय किया कि अब मैं अम्मा को नहीं छोड़ूँगी। यह कहानी कहीं जाकर खत्म भी तो होनी चाहिए अब।

स्कूल ने मेरी जुबान बदल दी थी। मेरे किस्सों की रंगत भी। काले झब्बेदार नन्स वाले स्कूल के डिसिप्लिन ने साल-भर के भीतर शेरकोठी से मिला मेरा काफी कुछ इस्तरी करके सपाट कर दिया था : उठना, बैठना, चलना, हँसना।

मुम्बई भी उन्हीं दिनों अम्मा की जुबान और चाल-ढाल बदलने की कोशिश कर रहा था। शरीफा की बेटी की बेटी जो तब तलक फिल्मों में आ चुकी थी, और जिसने अम्मा को प्ले-बैक सिंगिंग में उतरने का न्योता दिया

मुझसे इत्तफाक रखती थी। गिरस्तनों के चोंचले और अदाएँ वह भी देख चुकी थी। मुम्बई आकर फिल्मों में एक्टिंग की बजाय सिर्फ गायकी के बूते चमकने वालों में अम्मा अकेली थीं। पर वो अकेली ही रहीं अपने वक्त में। जब तमाम और तवायफें कैमरे के आगे एक्टिंग कर-करके गाने रिकॉर्ड कराने लगी थीं अम्मा ने रिकॉर्ड कम्पनियों को मजबूती से कह दिया कि वो सिर्फ और सिर्फ गायकी देंगी। बीमारी की हालत में भी उन्होंने काम नहीं छोड़ा, जब तक मेरी पढ़ाई पूरी नहीं करा दी। फिल्मी संगीत के उस वक्त के एक बड़े आका थे गुलाम हैदर। उनको अम्मा की तालीमी और वजनी आवाज शुरू से ही जँचती थी, गो उनके असिस्टेंट मानते थे कि रोमांटिक फिल्मों के लिहाज से अम्मा की आवाज कुछ ज्यादा वजनी है। उनको लता बाई जैसी पतली-नाजुक मुरकीदार गायकी अच्छी लगती थी। पर अम्मा जिद पे अड़ी रहीं। आवाज दबा के नहीं गाएँगी। अम्मा बताती हैं एक बार लोकल ट्रेन के विरार स्टेशन पर उनसे गवाया गया, और सिगरेट के टीन पर खुद गुलाम सा'ब ने ठेका दिया तो लोगों की जुबान थम गई। उन्हीं गुलाम सा'ब के लिए अम्मा ने अपना पहला फिल्मी गाना रिकॉर्ड कराया था, 'हाए मुझे कहीं का न छोड़ा।' कहते हैं गुलाम सा'ब की पर्दानशीन बेगम इस रिकॉर्ड की भारी बिक्री से इत्ती खफा हुईं कि हीरा चाट के सो रहीं। अम्मा के सीने पे इस बात का बोझ रहा, आज भी है।

मैं स्कूल खत्म करके मुम्बई लौटी तो कुछ ऑफर आने लगे थे मेरे लिए। पे अब अम्मा भी बिदक गईं। उन्होंने कहा एक जतिन्दर ने मेरी आँखें खोल दी हैं, बस बहुत हुआ। तेरी पढ़ाई हो जाए तो मिट्टी डालो अपने इस नाच-गाने वाले पेशे पर, जिसे थाम के हर ऐरा-गैरा कलाई पकड़ने घर भीतर चला आता है और उनकी ब्याहताओं की आह-कराह हमारे माथे आन पड़ती है। ऊपरवाले का दिया हुनर है पास में, नहीं है गिरस्ती का सुख नसीबों में, तो न सही। अब उसी हुनर से हम कमाएँगी, खाएँगी बाहिर जाकर। हमारे खानदानी सारंगिए बुन्दू खान का बेटा वहीद तब तक अमरीका जा के न्यूजर्सी में नाच-गाने का एक अपना स्कूल खोल चुका था। उसके बाप बुन्दू उस्ताद

की गोद में मैं खेली थी। 'अब क्या बचा यहाँ बीबी?' वहीद मियाँ ने अम्मा को खत में लिखा था, 'न राजे न जमींदार, इन मुम्बइया भांडों, दलालों को छोड़ो। चली आव। खूब बड़ा बंगला है। साथ-साथ कल्चर का स्कूल चलाएँगे। इज्जत से रोटी खाएँगे, और क्या?'

दरअसल एक तरह से ऐसा बहुत कुछ था जिससे नानी की मौत ने आजाद कर दिया था अम्मा को। बस शेरकोठी बची थी, एक आखिरी यादगार कहो कि बन्धन उस पुराने दिनों का। सो वापस अम्मा के साथ जाके मैं नौकर-चाकरों का हिसाब चुकता कर आई, शरबतिया को आउट हाउस दे दिया और कोठी एक बड़े बिल्डर को बेचकर टिकट खरीदा, और फिर हम दोनों माँ-बेटी आ गईं अमरीका।

शुरू के महीनों में वहीद मियाँ ने काफी मदद की थी हमारी। फिर धीमे-धीमे उनकी निगाह कुछ बदलने-सी लगी। एक दिन खुलकर अम्मा से उन्होंने कह ही डाला कि वो मुझसे निकाह करना चाहते हैं। 'काजी घर पर ही आके कलमा पढ़वा देगा', उन्होंने कहा तो अम्मा की हालत अजीब। ना कहने पर घर में अनबन, हाँ कहने में दिल की नाइत्तफाकी। उनकी भी, मेरी भी। आखिरकार बड़ी मुलायमियत से अम्मा ने कह ही डाला कि बेटा यह तुम्हारी बड़ी फराखदिली है, लेकिन हम डेरेवालियाँ ठहरीं। हमारी राह गिरस्ती में कहाँ समा सकती है? तिस पर तुम्हारी दो-दो बेगमें आँखों के आगे बैठी हैं। उनकी बद्दुआ हम ना लेंगी। और बस उन्हें सलाम किया, और सामान बाँधकर इधर आ गईं हम दोनों। दो महीने बाद एक मोटर एक्सीडेंट में जाते रहे वो बेचारे। भगवान उनकी आत्मा को सुकून दे। बड़े भले शख्स थे। पर कहाँ वो? कहाँ हम?

'इस मुल्क में, जहाँ आसमान में परिन्दों के लिए भी जगह कम पड़ती है, किस-किसको यूँ ही लिये-दिये चला जा सकेगा?' अम्मा ने कहा। शायद अपने से, शायद मुझसे। अपने में इतनी सिमट चुकी थीं, हम दोनों शेरकोठी की औरतें कि किसी के छाते तले जगह माँगने का खयाल अजीब लगने लगा था।

फिर हमने अपनी सारी पीढ़ियों की तहजीब को ताजे घर के धुले कपड़ों

की तरह पहन लिया, और यही कि 'दि ओरिएंटल डांसिंग स्कूल' की डगर पकड़ ली।

अब न्यूजर्सी शहर में हम ठट्ठ-के-ठट्ठ आ बसे हैं और हिन्दुस्तानी घरों से लाए गए कसमसाते बच्चों को हम कंठ संगीत, कत्थक और भरतनाट्यम जैसा कुछ सिखाती हैं। पराई हवा-पानी में पककर परदेसी बन चुके काठ जैसे शरीरों को हम लोचदार बनाती हैं। बेसुरे कानों में सिर्फ उतनी देर के लिए अदारंग-सदारंग के हीरा-मोती जैसे सुरीले खयाल और खुसरो के बैन डालती हैं जितनी देर उनके इयरफोन कानों में नहीं चिपके रहते। आगे वो जानें और उनके वाल्दैन।

मेरे स्कूल में मुम्बई के स्टूडियो-फ्लोर पर भीतर-ही-भीतर हमारी संगत, हमारी बोली-बानी जितनी शर्मनाक और गुजरे वक्तों की थी, यहाँ उतनी ही साफ-शफ्फाफ, स्मार्ट और बिकाऊ बन चुकी है। हर चारेक महीने बाद हम अपनी फीस बढ़ा देती हैं, फिर भी भीड़ नहीं घटती। फिर भी चिरौरियाँ चली आती हैं। प्लीज-प्लीज इसे तो आपने सिखाना ही होगा। जैसे भी हो...यू आर द गुरु। इस देश में आकर हर गुरु सिर्फ गुरु है। बाईजान, जानम या बिटिया जैसे नामों को हम केंचुल की तरह पीछे छोड़ आई हैं। सिर्फ कभी अम्मा ही जैसे अपने आप से बोलती हुई कहती हैं, 'चैत आ गया पता नहीं, मरों ने शेरकोठी में अम्मा वाला हरसिंगार कटवा न दिया हो। इन बिल्डरों को तो चप्पा-चप्पा जमीन पर मार्बल बिछाए बिना चैन कहाँ?'

हमारी किस्मत में मरदों का ताउम्र साथ नहीं लिखा है, अम्मा बार-बार समझाती हैं मुझे, राजा हो कि गवैया! यहाँ नहीं देखा? यहाँ तो घर-घर बिना मरद की औरतें और बिना औरत के मर्द बैठे हुए हैं। अब यही ठीक है कि इनके बीच हुनर का बाजार खोलो और कह दो कि तय समय पर आओ, सीखो और फिर गुडबाय!

होली के आसपास अम्मा और मैंने कम्यूनिटी हॉल में अपने स्टूडेंट्स का कार्यक्रम कराया था। पूरे शहर के हिन्दोस्तानी हमारे डांस स्कूल के मुरीद हो गए। अम्मा प्लेबैक गायकी कर चुकी हैं जान के तो बॉलीवुड के

आशना इन नौदौलतियों ने हमें सर आँखों पर ले लिया। जबरन एक बड़ी कम्पनी की मालकिन मिसेज रंधावा पिछली गर्मियों में हमें घर ले गईं कि हमारे घर बॉलीवुड स्टार्स आ रहे हैं डिनर पर, आप लोगों को उनसे मिलकर अच्छा लगेगा। ये फिलिम स्टार भी इधर खूब आने लगे हैं मुम्बई से तफरीह करने को। औ' पहले जैसे नहीं कि गज-गज लम्बी साड़ी पहन के बालों में गजरा-उजरा लगाए डोलें-हालें। यहीं वालों जैसी अंग्रेजी और पोशाकें। वैसा ही रहन-सहन औ' चाल-चलन। वहाँ या यहाँ कोई पूछने वाला नहीं, जिसके साथ चाहिए गुलछर्रे उड़ाइए। तो रंधावा साहब की कोठी में हमारा गाना, कलाम-वलाम कुछ देर चला, वाहवाही भी हुई। कुछेक ने ये जान के कि अम्मा फलाँ-फलाँ फिल्मों की प्ले बैक सिंगर थीं, आह, ओह भी की। फिर शराब का नशा ज्यों-ज्यों गाढ़ा हुआ, सब अपनी असल औकात पर उतर आए। आइटम नम्बरों की फर्माइश होने लगी, और बॉलीवुड के जनखा जैसे छोकरे एक्टर और अधनंगी छोकरियाँ मेजबानों के साथ कूल्हे लचकाने लगे तो हम दोनों चुपचाप चली आईं। हमारा हिसाब शराब और कोकीन में डूबे चले बॉलीवुड से कभी सीधा नहीं बैठा।

वो किस्से फिर कभी...

घर लौटे तो आरती करके, भोग लगा के, अभिषेक करके अम्मा ने कुछ देर बाद नानी की पुरानी घंटी बजाई, फिर घी की जोत फूँक मारकर बुझाई। दिया-जोत बुझा के ही सोना होता है यहाँ, फायर अलार्म बज गए तो मुसीबत-ही-मुसीबत। देर रात जागते-जागते, अलग-अलग कमरों में अम्मा और मैं सुनते रहते हैं एम्बुलेंसों के सायरन।

रोज निकलना दिन का। यहाँ की चिड़ियों का बोलना, जो वहाँ से फरक-फरक-सा है। इतनी मोटी अघाई गिलहरियाँ हैं, जो डबलरोटी के सूखे टुकड़े सूँघकर चली जाती हैं।

पता नहीं इन दिनों औरतों को रखने-छोड़ने का चलन वहाँ कैसा हो चुका होगा। बन्द तो होना नहीं था इसे। यह नहीं रुकने का। मेरी स्टूडेंट झिलमिल की मामी अम्मा को बता रही थी कि उसने अपने मरद की मुम्बई में दूसरी

औरत रखने की सूँघ मिलते ही एक डिटेक्टिव एजेंसी को पुख्ता सबूत जुटाने का ठेका देकर उस पर करोड़ों का तलाक और स्त्रीधन का दावा ठोंक दिया था। 'छिपाए नहीं छिपाया जा सकता अब यह सब', उसने काजल से चौड़ाई आँखों को और और चौड़ाते हुए कहा था, 'यहाँ कानून हमारे साथ है। कानून का हंटर फटकारो तो रेंगने लगते हैं।'

अपने हिस्से की आधी जायदाद लेकर झिलमिल और उसके भाई को लेकर वह वापस आ गई थी यहाँ, अपने माँ-बाप के पास। अब वह अपना 'इंडिया स्टोर' चलाती है, और हिन्दुस्तानी जीन्स के अलावा स्टारडस्ट पत्रिका के पुराने अंकों को कवर से दस गुना ज्यादा दामों पर बेचती है। अम्मा का भी बॉलीवुड से लिंक है, यह बात उसे परीकथा जैसी लगती है। अक्सर चली आती है उनसे गप करने और खोद-खोदकर पुराने सितारों के बारे में पूछती रहती है।

पहले भी अम्मा कहती हैं, ऐसा नहीं था कि मरद इधर-उधर मूँ न मारते रहे हों। पर ब्याहताएँ तब पतियों की मरजाद की ओट रखती थीं और रखैलें भी। हमारा कोई घर नहीं है अब कहीं भी। था ही कब? अम्मा तक कुछ झीनीझीनी बीनी-सी यादें थीं, लोरियों की, हरीरे की, बन्ने-घोड़ियों और सेहरों की। इस घर में ऐसा कुछ भी नहीं है। मेरी काया पर चढ़े हैं ललद्यद के कश्मीरी वाख : न जायम, न प्यायम, न खेयह ह्युन्द न सुंठ। न जना न दूध पिलाया, न खाई हल्दी और सोंठ। उसी की तरह मैं राग नन्द गाती हुई वन-वन डोलती रहती हूँ बस, ए बारे सैंया, तोरे बिना बन-बन डोलूँ। बिधना तिहारी कोउ न जाने...।

दूर पराये देश में एक झोली कन्था में अपना हुनर टाँगे चली आई हैं हम दोनों माँ-बेटी।

रात-भर हम जागती हैं अगल-बगल। अम्माजानी ने, नानी ने, जो कभी कलेजे पर जो ले लिया था वह सब भीतर-ही-भीतर अम्मा और मेरे गाने में आज भी कहीं बच रहा है। तानपूरे के खरज में वह लरजता है, मंजीरे में खनकता है।

इसी सब की ताल पर नाचना सिखाती हूँ मैं लड़कियों को। शुरू में बार-बार लय टूटती है पर फिर वो पकड़ने लगती हैं उसे। जाने कैसी चीख है, जो इतनी पीढ़ियों के बाद भी न सोती है, न खोती है, अभी भी हमारे कंठों में, देह में भिदी हुई है।

'अहा, कितना ही सीख लें ये लड़कियाँ, आप दोनों जैसा ग्रेस क्या कहते हैं हिन्दी में डार्लिंग? 'लास्या' हाँ 'लास्या' इनमें नहीं उतर पाता,' माँएँ कहती हैं, 'न इनकी आवाज में वो 'पुकार' है।'

क्या बताए इन्हें हम कि पीढ़ी-दर-पीढ़ी अपनी इच्छा-अनिच्छा और हकूक सबको इस हुनर के दरिया में विसर्जित करके ही मिलता है हमें यह ऐसा हड्डी का गाना।

इन बच्चियों को ऊपर वाला खुश रखे। उनकी ही मार्फत तो फिर से चीन्ह पा रही हैं हम दोनों माँ-बेटी एक पूरी नई दुनिया को। यहाँ अब भी कच्चे घड़े लेकर नदी में उतरती रहती हैं ये लड़कियाँ, उनके माँ-बाप इंडियन ओवरसीज के विज्ञापनों में उनके लिए डॉट-कॉम दूल्हे तलाशते रहते हैं। अँधेरे से बाहर निकलने के लिए सर हथेली पर धरे जो पगडंडी ये लड़कियाँ तलाश रही हैं, उसी को तो खोजती रही हैं अम्माजानी, नानी, अम्मा और मैं।

शेरकोठी, मुम्बई की बस्तियों और न्यूजर्सी के बाहर कहीं खोजना है एक अपना घर हम सबको, कभी चतुर पंडित तो कभी खुसरो का दामन थामे हुए।

जब सब चले जाते हैं, सिर्फ अम्मा और मैं बच रहते हैं बंगले के निर्जन में, तब साउंडप्रूफ रियाज के कमरे में बैठकर मैं भी आँख बन्द किए अम्मा के सुर से सुर मिलाकर गाती हूँ।

हड्डी का गाना।

इसे सुनने का कलेजा रखने वाले अब नहीं रहे।

न यहाँ, न वहाँ।

बस दाना-पानी चुगना है। जब तक लिखा है।

फिर बस, चल खुसरो घर आपने...।

और फरमाइए?

बचि दा बजरंगी

शहर सन्न था। शेरू और मोती दोनों धूप खाने वाली जगह पर समय से पहुँच गए थे लेकिन उनका तीसरा मित्र बचि दा कहीं नहीं दिखता था। आखिर वह आया, हमेशा की तरह एक हाथ में अपना ट्रांजिस्टर उठाए, दूसरे से अपनी काँख खुजलाते हुए। खाने और रेल नीर की बोतल वाला अपना झोला नीचे रखा, धप्प से टोपी चट्टान पर फेंकी और गहरी-गहरी साँसें लेता हुआ वह यूँ पसर गया जैसे मीलों चलकर आया हो। कुछ देर चुप्पी रही। हवा में दूर से हिलता-डुलता आता किसी फाख्ता का सुर धूप के हिंडोले में तीनों मित्रों को झुलाता रहा। मुसलमान बस्ती के ऊपर एक चील खूब दूर आसमान में डैने फैलाए उड़ रही थी, चीखती हुई। "बकरा कटा होगा," शेरू ने कहा, फिर सो गया। शहर के बाहर बाकी सब शान्त ही रहता था। इसीलिए कम घास वाली इस ढाल पर वे तीनों दोस्त बिला नागा जाड़े की धूप तापने रोजाना आते थे।

कुछ देर सुस्ता लेने के बाद बचि दा की साँस फरकी तो धीमे-धीमे उठकर वह झोले में लाई रोटियाँ निकालने लगा। "सोनू साहब खत्म हो गया आज सुबे।" उसने बिना सर उठाए उनके आगे रोटियाँ डालते हुए मोती और शेरू से कहा, जैसे कोई काम निबट गया हो।

चट्टान पर लेटे-लेटे धूप खा रहे शेरू-मोती अब रोटी की गंध पाकर हरकत में आए थे। अपने कमजोर जबड़ों से लड़ाकी जोशाइन की बनाई मोटी-झोटी रोटी चुभलाते शेरू ने प्रश्नसूचक निगाह से ताका—"आखिर हुआ क्या?" अपनी बेतरतीब गंदे नाखूनों वाली उँगली से अपनी रोटी के भीतर सब्जी का

पूरन भर उसका रोल बनाता बचि दा दोनों को वह बताने लगा जो पुजारी जी ने उसे दैनिक अमर उजाला से पढ़कर बताया था। "पुलिस को चौकीदारों ने बताया था, सुना कि दिन के कोई ग्यारह बजे साईं खन्ना फारम हाउस के गेट पर नामी बिल्डर सोनू खन्ना का छोटा भाई मोनू जिमीन कब्जाने को अपने गनर और कुछ लोगों के साथ पहुँचा। बड़े भाई साहिब ने ऑर्डर दे रखा था कि उसे घुसने नहीं दो कुछ करके। इसलिए हजूर-हजूर कहकर भी मोनू खन्ना की पारटी को गारद ने रोकने की कोशिश की। इस पर गाड़ी तिरछी खड़ी कर गालियाँ बकता हुआ पिस्तौल ताने मोनू बाहर निकल आया और गारद लोग घबराहट में हवाई फायर करते हुए पीछे हटने लगे। जभी कोठी की तरफ से एक और कार निकली, जिसमें सोनू भाईसाहब बैठे थे। उन्होंने खिड़की से सर निकाला और छोटे भाई को हुकुम दिया कि गड्डी हटाए। सुना नाम लेके गंदी गाली-गूली भी दी। तब मोनू ने बस उठाई गन और जो है मेरे यार, सीधे सोनू साहिब की कनपटी पर ही गोली मार दी। साहिब वहीं भीतर ही सीट पर ढेर हो गया। मोनू को रोकने को गारद ने पैर के पास गोली चलाई तो उसके घुटने में लगी, वह भी चिल्लाता हुआ गिर पड़ा। आवाज़ सुनकर कोठी से केयरटेकर निकला और उसने पैर में गोली खाकर भी पिस्तौल दिखाकर 'माड्डालूँगा' कह रहे मोनू को अपनी पिस्तौल से ढेर कर दिया।"

रोटी चुभलाती मित्र त्रयी कुछ देर ज्ञात तथ्यों पर मनन करती रही। सोनू साहिब इस कस्बे का बादशाह था और यहाँ के आधे लोग उसके शराब और बिल्डिंग साम्राज्य में कहीं-न-कहीं कल-पुर्जों की माफिक काम करते हुए बाल-बच्चे पाल रहे थे। यहाँ तक कि तबीयत का घोर मलंग बचि दा भी कभी-कभार उसके गोदाम का माल ट्रकों में रखवाकर चारेक पैसे कमा लेता था। जब-जब यह होता, मोती और शेरू के साथ गली की बिल्लियों तक की बेबात लॉटरी लग जाती और बचि दा की खरीदी बेदा होटल के मसालेदार गोश्त में सनी रोटियाँ भरपेट खाकर वे सब देर तक घास पर संड-मुसंड बने एक-दूसरे को खदेड़ते, नूरा कुश्तियाँ लड़ते देखे जाते।

"आज लगता है भड्डू (पतीले) का गरम मसाला खुप्प चढ़ गया है

इन सबों को!" हीरा हलवाई कहता और भट्टी सँभालते लौंडों से पानी छिड़कवाकर गुर्राते कुत्तों को अलग करवाता। पर बिल्लियाँ ठहरीं बाघ की मौसी! चट्ट से दीवाल पर चढ़कर धनुष जैसी पीठ करके फणियल नाग जैसी हुस्स-हुस्स निकालने लगतीं। उनको हँकालना आसान नहीं था। सिर्फ बचि दा कह दे—'भाग' करके तो चुपचाप इधर-उधर हो जानेवाली हुईं बिल्लियाँ।

"पशुपति ठहरा हमारा बचिया पशुपति!" बचि दा को प्रसाद के चार बताशों के साथ नीचे की गली के सेमवाल जी के लिए उनके कराए नवान्ह पारायण का परसाद थमाते बजरंग मढ़ी के पुजारी ज्यू कहते, "भिनसारे से सोने तक शहर के जिनावरों का असिल रखवाला ये ठहरा!"

जिनावरों को छोड़ दो तो दुनिया की बेफजूल चीजों से बचि दा को सचमुच मतलब नहीं हुआ। गाँव से शहर बनते इस कस्बे में कई तरह के जिनावर अभी भी कुछ पुराने घरों में पाले ही हुए ठहरे फिर। पर अब पहले जैसा जमाना कहाँ हुआ जब घर के दर्जनों जवान बेटे-बहुएँ यह कमान सँभाले रहते थे। समय पर निचली मंजिल में गायों के गोठ साफ कराना, पुआल डलाना हुआ, बाछी बाहर बाँधकर खुरदरी घास से उनको खरहरा करना हुआ, इस सबके लिए परिवार नियोजन के जुग में ग्वाल-बालों का टोटा पड़ने लगा था। इसीलिए बचि दा जैसे काबिल आदमी को मदद के लिए घर-घर से न्योता जाता। पुराने कपड़े के अलावे रोटी-दाल-भात भी हर बार बिन माँगे खिलाया जाने वाला हुआ। गर्मियों में उसका आवास हुआ बजरंगबली मड़िया का आँगन, और जाड़ों में काम निबटा, खा-पीकर वह किसी भी खटाल में बछड़ों के साथ प्रेमपूर्वक सो रहता। हर जगह वह यह तय करा लेता कि उसके शेरू और मोती भी यहाँ उससे सटकर लेट सकते थे।

मोती ने टाँग से कान के पास का हिस्सा खुजाया। खटालों में सो-सोकर तो पिस्सुओं की पोटली बन गई थी उसकी देह। जाड़ों की रातों में चिपककर सोता तो शेरू को भी पिस्सुओं की सौगात बिन माँगे मिल जाती थी। पर बचि दा को न पिस्सू चटकाने वाले ठहरे, न मच्छर। नई ब्याई गायें तक उसको सींग नहीं दिखाती थीं।

सोनू साहिब की कम्पनी के माल के आगमन के बाद से कस्बे का रंग-ढंग शहरी बनने लगा था। पहले दुकानों के ढब बदले। तब दुकान का मतलब हुआ—दो बिलस्त जगह में डाल दिया एक लकड़ी-टीन का बक्सा। सामने चाय की पत्ती हुई, चुटकी हुई, लस्सन की लड़ियाँ हुईं। ये सब लटकी रहने वाली हुईं। नीचे चारेक काँच के बोयामों में खट्टी-मीठी गोलियाँ, मिसरी की डलियाँ, बीड़ी के बंडल, माचिस, मोमबत्ती, कुछ मूमफली, भुना चना, दो-चार टोकरी घर की बगिया की सब्जियाँ, बस! शराब के ठेकों की किरपा से कुछों के हाथ में चार पैसे नियम से आने लगे तो दुकानें बदलने की सुरुआत हुई।

सोनू साहब के एजंटों ने दुकानदारों को समझाया कि जनाना कमजोरी दूर करने को उनकी कम्पनी की एक आयुर्वेदिक सुरा चुपचाप रखनी शुरू कर दो। हाँ-हाँ, जनानियों को इस फटेहाल बस्ती में टॉनिक कौन पिलाएगा? पर यार, सुरा को चार आना ढक्कन रेट से नशेड़ी स्कूली लड़कों को बेचो तो अच्छा मुनाफा हुआ उसमें। इस्कूल-कॉलेज से निकलकर भी बेरोजगार ही हुए ज्यादेतर, इसलिए भंग अत्तर, गाँजा उनमें पहले से ही चलता था कि नहीं? सोनू साहब के लोगों की पहुँच सीधे राजधानी से जिला कलक्टर तक हुई। सो उनकी कम्पनी का पहला एजंट बना कलक्टरेट का चपरासी। उसने साल भीतर नौकरी छोड़ी और फिर किसी पुराने खानदान का पुश्तैनी गोठवाला घर मिट्टी के मोल खरीदकर उसकी जगह लेंटरवाले सीमेंट का एक जहाज जैसा बंगला बना लिया। गोरू-बाछे विदा हुए और सफेद बरफ जैसे बालवाले विलायती कुत्ते आँगन में चेन से बँधने लगे।

कुछ दिन बाद गाँव-गाँव जब पाउच वाली, बोतल वाली हर किसम की शराब बहने लगी तो सोनू साहब ने अपने दोस्त विधायक जी की निधि से इलाके की सड़कों की दुरस्ती शुरू करा दी जिसका ठेका सोनू साहिब के घर के ही किसी लड़के ने ले लिया। अगली पीढ़ी ठिकाने से लगने लगी तो पहले बेछूट गाली देकर बात करने, पिस्तौल तान के धमकाने वाला सोनू साहब चन्दन का टीका लगा के घर का बुजुर्ग भगत जैसा भी बनने लगा। सुना, कहता था कि गोलू देवता की मनौती से ही उसका कारोबार इतना

सफल हुआ इसलिए अब वह मीट-मदिरा भी छोड़ देगा करके। ये किया हो या नहीं, पर जब इलाके में आया तो सोनू साहब तमाम छोटे-छोटे पत्थर के पुराने मन्दिरों में जाके वहाँ सर टेककर पुजारी को कड़कड़ान पाँच सौ के नोट पकड़ाने लगा। उसके हुकुम से हर मन्दिर में जब रंगीन मार्बल वाले फर्श और सुनहरी काम वाले लोहे के फाटक लगने लगे और नौरात्रि कहो, रक्षाबन्धन कहो हर जगह माता की पंजाबी भेंटों के कैसेट बजने भी शुरू हो गए, तब कौन पुजारी अदालत में कहने जाता कि मन्दिर परिसर के पास शराब का ठेका खोलना गैरकानूनी है करके?

जहाँ तक आम लोगों की बात थी शाम को नशे में काँगरेस-भाजपा को गाली देने वाले कस्बे के नौजवानों में भी सोनू साहिब सरीखे धनकुबेर के करीब जाने की होड़ लगने लगी। क्यों नहीं होती? जब घरों में गोबर से लीपने-पोतने के महाबवालिया काम से बहुएँ मुक्त हुईं, और सासों का नियमित रूप से मन्दिर जाना आसान बना तो मनिहारियों और मेकप पारलरों की भी बहार ही बहार हो गई। जिम खुल गए और कस्बे के शौकीन नौजवान सोनू साहिब के वरदहस्त तले अपनी फटफटियों में काला चश्मा लगाकर पहाड़-पहाड़ घूमने लगे। मनुख जात को चैन कहाँ?

इस उछाल के दौर में बचि दा की पुकार कई तरह से नए कामों के लिए होने लगी। ऐसे समय में भी घनघोर ईमानदार हुआ वह, और तिस पर गदर चुप्पा। बस बहुत हुआ तो कभी बजरंग मन्दिर के पुरोहित या कुत्तों-बिल्लियों से चार बात करता दिखने वाला हुआ सिरफिरा। उससे क्या? बस्ती कितनी ही बदले बचि दा न हो तो गैस सिलेंडर के लिए लम्बी कतार में कौन लगे? सिलेंडर मिल गया तो कंधे पर रखकर द्वार तक कौन पहुँचाए? ब्याह-शादी-बरमभोज के आयोजनों में कनात-फनात लगवाना कौन खड़ा रहकर निबटाए? फिर गरमी में बाहर गए लड़के-बहुएँ भी आएँ तो उनके सामान किसी भरोसे के आदमी के हाथ बस अड्डे से घर तक पहुँचाना भी हुआ ही।

पर मनमौजी बचि दा जब चढ़ी तो ही किसी का काम करने वाला हुआ, नहीं तो किसी उपकृत परिवार की भेंट, एक नया ट्रांजिस्टर उठाकर

संगीत बजाता अपने कुत्तों के साथ धूप खाने दूर चला जाने वाला ठहरा जंगल की तरफ।

बचि दा ने सोनू साहब के एजेंट को साफ मना कर दिया था कि शराब की हम्माली नहीं करूँगा करके। अधरम हुआ मन्दिर-इस्कूल के पास बेचना शराब। भाग्य से उसकी बोली कुछ ऐसी अजब-सी हुई कि सोनू साहब के आदमी को जवाब समझ नहीं आया था। किसी ने कहा कि "सर, ये झल्ला जरा दिमाग का कमज़ोर है, बात नहीं समझता। सीमेंट की बोरी जैसा पटक के डब्बे उतारेगा तो आपकी कीमती बाटली टूट-टाट जाएँगी करके। हम ला देंगे इससे कहीं बेहतर डोट्याली मजूर आपके लिए, फिकर नॉट!" तब जाके बात इधर-उधर हुई, वरना पिट जाता बचि दा उस दिन। या क्या पता लीलाम्बर जी की लड़की की तरह उसकी अधखाई देह घाटी में मिलती। सोनू-मोनू साहब के लोगों से कस्बे के लोग नमस्कार-पुरस्कार कितना ही करें, असल में उनसे वे बाघ से ज्यादे डरते थे।

बाद को पुरोहित ज्यू से बोला बचिया, "अबे बचिया क्यों कहा उसने मेरे से? तुम बचिया कह सकते हो, क्योंकि बचीसिंग नाम तुमने ही धरा ठहरा जब मुझे बस अड्डे से उठा के लाए।"

मैंने तो कहा, "बच गया! लोगों ने समझ लिया बचिया! हा हा हा!" पुजारी ज्यू हँसे। "रमता फकीर हुआ वरना तू।"

"तुम हम कुत्तों के लिए रोटी लाने को ना नहीं कहते? रमैती दादी का बीस किलो का आटे का कंटर भी पनचक्की से ला देते हो," मोती ने सर हिलाते हुए कहा।

"तुम लोग गाली की तरह नाम लेके जो क्या चिल्लाते हो?"

शेरू दार्शनिक हुआ। "तू भी यार मोतिया, अब जैसे हर किसम के कुत्ते होते हैं वैसे ही मनुख का भी ठहरा। वैसे हम दिमाग के कमजोरों को किसी का कहा-सुना बुरा या भला नहीं लगने वाला हुआ। काम किया, खाया, धूप सेंकी, और क्या करना? हाँ, पर हमसे ठीक से ही बोलना हुआ तब भी लोगों को..., बचि दा जरा ट्रांजिस्टर की घुंडी मरोड़कर गाना ऊँचा कर दे यार,

पुरानी धुन अच्छी ही लग रही है फिर।"

मोती का मन फिर भी नाम में ही अटका रहा। "यार एक बात समझ नहीं आती कि बिन नाम के बच्चे को, कुत्तों को, पहाड़ के धुरों और बुग्यालों तक को जब लोग नाम दे देते हैं तो गली-गली डोलने वाली इन साली बिल्लियों को क्यों नहीं?"

"बाघ की मौसी हुई करके डरते हैं स्यात और यार बड़ा नाम छोटा नाम क्या? उमर पूरी हो गई तो सोनू-मोनू, सबको जाना ही हुआ एक दिन। इस कस्बे के इतनों को कंधा दे के नदी किनारे के मसान ले जा रखा है, मुझे भी ठिकाने लगा ही देंगे यहाँ के लोगबाग। बस हुई छुट्टी। इसीलिए तो जब सोनू साहब के लोगों ने कहा तब भी मैं शहर से बाहर उनके अड्डों पर नहीं गया। वहाँ बचि दा मर गया करके कौन जानेगा? पानी में फेंक आएँगे मुझे। और दाग नहीं मिला तो नहीं तो गरम देस में बास मारेगी मरी हुई बॉडी। मछलियाँ भी सूँघकर छोड़ देंगी।"

"ये तो है," शेरू आश्वस्त-सहमत हुआ। "मुझे तो इस मोती की फिकर होती है। बुढ़ा रहा है साला। जने कब आँखें काँच हो जाएँ? पहले वो कनकुतरू था ना, काले रंग और पीले चकत्तेवाला।"

"हाँ हाँ, जो पानी की टंकी के पास पड़ा रहता था। खुजली से गल गया था गरीब।"

"कीड़े पड़ के एक दिन मरा मिला बिचारा। वो तो बचि दा ने सूखे पत्ते-हत्ते डालकर जला दिया, नहीं तो जने कितने दिन तक सड़ता रहता।"

"मिट्टी खराब न हो किसी की।"

फिर कुछ देर चुप्पी रही। सूरज ढलता देख बचि दा धीरे-धीरे उठकर दोनों हाथों से चूतड़ थपथपाकर मिट्टी घास झाड़ने लगा। यह करके उसने ट्रांजिस्टर उठा लिया, "चलो रे अब। मेरे साथ यहाँ-वहाँ घूमते हुए तुम दोनों की भी कस्बे के बाहर तक बस्तियों और लोगों के बीच पहचान हो गई है, वर्ना गली के कुत्तों को उनकी गली के बाहर कौन जानता है? अकेले जाओगे तो वहाँ वाले काटने दौड़ेंगे। चलो।"

दोनों कुत्तों ने पल्टन के सिपाहियों की तरह उठकर बदन झाड़ा और बचि दा के साथ कदमताल करते चल दिए।

"भाइयों के बीच खून-खराबा बड़ी बुरी चीज़ है," शेरू ने ढाल चढ़ते हुए कहा।

"तुमको कैसे पता? तुम्हारे भाई क्या थे?" मोती अपनी मौत की बात से खिझलाया बैठा था।

"बुरा तो है," बचि दा ने कहा, "पर लड़े बिगैर दुनिया का काम भी तो नहीं चलता। जब तक बिजनेस धंधा एक हुआ, रहना साथ का हुआ, सम्पदा का मामिला तब तलक ठीक। पुजारी जी कहते थे जब भाई-भाई जुदा हों तो सीधे अदालत जाना चाहिए, जहाँ कलयुग में धरम को लिखित में रखवाली के लिए तालाबन्द कर गए हैं पुराने लोग। किसके पास सम्पदा का कितना हिस्सा आएगा यह हर कोई खुद तै करे तो बस लाशें ही गिरेंगी। उसके बाद मुर्दा खुद को जो क्या फूँकेगा? और मछलियाँ भी पानी में फेंकी उसकी देही को तभी खाएँगी जब किसी दूसरे ने उसे पहले किसी विधान से दाग दे दिया हो। सम्पदा सम्पदा!"

"सम्पदा क्या हुई?"

"ठीक से तो यार मुझे भी नहीं पता लेकिन जो भी है तुम्हारे-मेरे पास तो नहीं है।"

"जो भी हो, जमाना अब बहुत बिगड़ गया है।"

"सो तो है।" बचि दा और मोती शेरू से सहमत हुए।

फिर वे तीनों—अगल-बगल दो कुत्ते और बीच में एक खस्ताहाल आदमी चोटी से पैरों तले बिना पेड़वाले किसी केशविहीन मुंड सरीखे नाली भर-भर लार बहाते, शराब के नशे में खोए श्रीहीन कस्बे को देखने लगे। खाने की खुशबू सूँघती बिल्लियाँ इठलाती हुई वहाँ इधर-उधर बैठी पंजों से मुँह धोती होंगी।

"हम भी चलें?" बूढ़े मोती ने जब बचि दा की टाँगों को सूँघकर चलने की याद दिलाई तो उन्होंने उसकी गरदन खुजाई।

औरत और खच्चर

मूसलाधार पानी के बीच जैसे कोई सराप फला हो। भारी गड़गड़ाहट के साथ केदारेश्वर के पीठ पीछे नारायण पहाड़ की छाती फटी और घाटी में उमड़े मटमैले पानी के सत्यानाशी रेले के सामने जो भी पड़ा, सबको वह जने कहाँ-से-कहाँ बहा ले गया। मनुष्य, जानवर, पेड़, खेत-चरागाह, घर, होटल, सड़कें, मोटरगाड़ियाँ, माल ढुलाई करने वाले ट्रक, लोहे के हाथों से पत्थर नोचने वाली मशीनें, गाभिन हथिनी जैसी गारा सीमेंट मिलाने वाली मशीनें, पलक झपकते सब गाद तले गायब!

धार पलटकर बाघिन बनी नदी बरसों बाद पुराने बगड़ (कुदरती पाट) पर खड़ी कर दी गई बसासतों से हिसाब-किताब बरोबर कर रही थी। वह खुद कितनी बार धार क्यों न बदले, कोई नदी अपने बगड़ पर से अपना कुदरती हक इंच बरोबर भी नहीं छोड़ती। भागीरथी ही क्या, इलाके की तमाम और नदियाँ : मन्दाकिनी, अलकनन्दा, भिलंगना, अस्सी गंगा, विरही गंगा, पिंडर, सभी अपने-अपने बगड़ में फैलकर वहाँ घुसपैठ जमा बैठों को उनकी औकात जताने लगी थीं।

जब बाँध बनने शुरू हुए थे और पुरानी टिहरी डूब में जाने लगी, तब जने कहाँ से आया एक खंजड़ी बजाता साधु, लगातार चमाचम नए बन रहे गाँव वालों के बीच तर्जनी दिखा-दिखाकर गाता फिरता था, 'औहो रे बाबू लामबगड़, खैजालो तिकी डामबगड़!' (अरे लामबगड़ वाले बाबू, तुझे डामबगड़ खानेवाला है)। तुकबन्दी को दुहराते गाँव के कम अक्किल स्कूली छोकरों और उनके घरवालों को रमते फकीर की बानी और चुपचाप बहते

पानी की थाह उस बखत ठीक-ठीक नहीं मिल पाई थी। और आज सच्ची-सच्ची लामबगड़ समेत सैकड़ों और गाँव जल में समा गए थे रातोंरात। वैसे तो इधर कुछ बरसों से इलाके में बादल फटना, खेती और बछिया या बकरी-बुकरी बह जाना बढ़ जैसा रहा था, पर कुछ दिन की हाय-हाय के बाद लोग-बाग फिर ठिकानों पर वापिस आ ही जाते थे। पर यह यात्रा का सीजन था और साल भर सीजन से कमाई की उम्मेद लगाए सारे घरों के मरद और स्कूली लौंडे अपने खच्चरों समेत घाटी में उमड़ रहे यात्रियों को चारधाम तीरथ कराने को जा चुके थे। जबसे रात खबर आई कि अँधेर हो गया हो, भारी बादल फट गया है नारायण परबत साइड में और इजा बबू करते लोग भाग रहे हैं तो देबी हो, रक्षा कर! कहने के अलावा मुक्ख से किसी के कुछ नहीं फूट रहा है करके। असहाय हुए गाँव वाले निपट। घर-घर में बस औरतें, छोकरियाँ और छाती का दूध पीते बच्चे ही तो रह गए थे इन दिनों। देबी ही रक्षा करें, सोचती हीरा ने उस रात रोटी भी नहीं खाई।

घाटी के काफी ऊपर बसे गाँव में हीरा अक्सर मौसम खराब हुआ तो अकेली अपने दुलारे जानवरों के साथ गोठ में ही सो जाती थी। बाघ का डर तो हुआ ही, बहुत कड़क के साथ गरज-बरस हुई तो भी बिचारे बेजुबान पशु डर से आर्तनाद करने लगते थे। घर में ताला मारकर हीरा पुआल पर बिछे कम्बल पर लेट तो गई पर उसे नींद नहीं आ रही थी। इसकी वजह सिर्फ अकेलापन नहीं था। उसका आदमी तो शुरू से ही तीर्थयात्रा के सीजन में अपने खच्चरों को लेकर गाँव के दूसरे मरदों की ही तरह नीचे गौरीकुंड को चला जाता था। जब तक केदारनाथ के कपाट बन्द होने का सीजन नहीं आता, उनके साथ धरमुआ भी उधर ही रहता था फिर। गाँव वालों के लिए धरमसिंग की घरवाली वह भले थी, लेकिन उसकी ब्याहता नहीं। धरमसिंह हुआ रजपूत, हीरा हुई भूमिहीन नाचने-गाने-बजाने वाले बादियों की छोरी। अपनी पहली औरत के परसूत बिगड़ने और दूसरी के घास लाते बखत ढ़ंगार में गिरकर मर जाने के बाद अपनी अपंग महतारी की खिदमत को हीरा को उसके चरसी बाप से खरीदा गया था।

सोलै से अधिक की नहीं थी तब हीरा। हाथ-पैर की साबुत और चिथड़ों में भी रंग-रूप की भली ही दिखने वाली हुई वह। सबको पता था कि गाँव की हर अकेल औरत पर कभी न कभी बाघ जैसा झपटने वाला धरमसिंग इस खरीदी गई छोरी पर से तो अपना हक कतई नहीं छोड़ेगा करके। पर जिनको हीरा से हमदर्दी थी वे भी जताने से डरते थे। वजह यह कि एक तो कर्कशा बुढ़िया महतारी हीरा को फूटी आँख पसन्द नहीं करती थी। दूसरे उसका धरमुआ भी हुआ गरम मिजाज। दिन-रात खटने के बाद भी उससे पिटती रहती थी हीरा। माँ भले हाथ-पैर से लाचार ठहरी, पर जीभ हुई छुरी जैसी। धरम को हाथ पकड़कर रोकने की जगह, 'मार बेटा मार!' कहने वाली हुई वह भी। मशहूर हुआ कि धरम की पहली दोनों औरतें भी दरअसल माँ-बेटे के लगातार किए अत्याचारों से त्रास पाकर ही मरी थीं।

फिर भी गरीब हीरा कहाँ जाती? बाप ने तो जैसे खच्चर बेचते हैं उसकी लगाम धरम को थमा दी थी और फिर कभी बुला के नहीं पूछा कैसी हो चेली? बिन मायके की लड़की बिना थान की बछिया हुई, जो लाठीवाला आए, हाँक ले जाए।

अपनी तरफ से हीरा सब जतन करती, घर का भी, बुढ़िया का भी। पर बुढ़िया दिन-रात उसे कोसती-चिल्लाती-सरापती रहती। सुनते हैं इसी बीच उसे एक-दो बार गर्भ भी ठहर गया था। पता चलने पर धरमुआ ने हरद्वार के डॉक्टर से कोई गरम दवाई लाकर उसे जबरन पिलाई और बच्चा गिरवा दिया। हीरा को कभी नहीं भूलने दिया गया कि उसे यहाँ लाकर दो टाइम की रोटी समेत कपड़े-लत्ते की गारंटी देकर ही उस पर कितना बड़ा उपकार किया गया था। बुढ़िया का मन तो तीसरी दफे ब्याहता लाने का ही था, पर उसके धरम के नछत्तर औरतों के लिए भारी हैं, कहकर आसपास का कोई उसे लड़की देने को राजी नहीं हुआ।

उनके पुश्तैनी रकबे में खास खेतीबाड़ी होने वाली नहीं हुई। दो भैंसें हुईं और कुछ खच्चर भी। धरमसिंग और उसके गाँव के लोगों के लिए निपट बंजर जमीन और नंगे पहाड़ों वाले इस इलाके में कमाई का पक्का साधन हुए उनके

खच्चर। दूर देश के तीर्थयात्रियों को सवारी, छाता, छड़ियाँ, खाना-पानी वगैरा सपलाई करने का कामं उनको लहता था, जभी इलाके से साबुत हाथ-पैर वाले सारे मर्द सीजन शुरू होते ही अपने मवेशी लेकर नीचे घोड़ापड़ाव की तरफ निकल जाते, और फिर महीनों तक घर नहीं लौटते थे।

धरम सोलह बरस का होंगा, जब उसके बाप पिरमुआ की किसी खाई में गिरकर मौत हो गई थी, यात्रा के दौरान। खच्चर बच गए यह अच्छा हुआ। यह भी सबने सोचा, कहा किसी ने नहीं। पता सबको हुआ कि पिरमुआ ने उस दिन-पी रक्खी होगी खूब, वरना यहाँ के किसी पहाड़ी आदमी का पैर तंग-से-तंग पगडंडियों पर भी कैसे फिसल सकता था? इलाके के और लड़कों की ही तरह कष्टों की गठरी समेत पैदा हुए धरम ने बिना सुर-ताल आँसू पोंछकर बाप का काम पकड़ लिया था। सड़कें सुधरने से तीर्थयात्री ज्यादे तादाद में आने लगे थे। और माँओं के मना करने पर भी उनके प्रवासी बाप घर के स्कूली लड़कों को स्कूल छुड़ाकर हाथ बँटाने के लिए घोड़ापड़ाव बुलाने वाले ही ठहरे। बार-बार बुलाए जाने के बाद धरम को जानकारी थी ही कि किस तरह खच्चरों का दाना-पानी, मालिश वगैरे करते हैं। किस तरह साहिब जी, या बाबू जी कह-कहकर मालदार असामियों को पटाते और फुल्ल वसूली करते हैं। कैसे कुशली मंगली की चिट्ठी किसी पहचान वाले के हाथ कुछ रुपिये-पैसे के साथ परिवारों को भिजवाई जा सकती है।

इधर के तमाम गाँवों की औरतें मर्दों के पीछे कमर कसे अकेले ही खेती-गिरस्ती निभाने की आदी हो गई थीं। बिना सिंचाई वाले खेतों में खाद दिए बगैर तो यहाँ मोटा अनाज भी नहीं पैदा होता था। और मरद नहीं भी हुए तो भी घर के छोरे-छोरियों के लिए तो जरूरी हुए दो घूँट दूध और खेती-खाद के लिए गाय-भैंस। पशुओं के लिए चारा और चूल्हे के लिए जलावन जैसे भी हो रोजीना लाने ही हुए, जैसे, जहाँ भी मिलें। धरम की माँ ने भी सब किया। पहले अकेले, फिर अपनी बहुओं को भी खच्चर की तरह काम में साथ जोतकर।

जल्लाद सासों से बहुएँ भागकर जातीं भी तो कहाँ? उनके मायके तो इसी इलाके के निर्धन परिवारों के बीच हुए, जहाँ एक बार ब्याहीं जाने के

बाद लड़की की वापसी किसी को पसन्द नहीं हुई। खाते-पीते घर के लोग इन बंजर गाँवों में अपनी लड़कियाँ क्यों देते? खच्चर भी घर के लड़के ही जैसे हुए यहाँ एक तरह से। शिकायत क्या करना? बहुत हुआ तो कोई दुखियारी खाई में छलाँग लगा देती या फिर बिल्ली की तरह घात लगाकर गाँव-गाँव घूमते रहने वाले किसी दलाल के साथ दूधपीते बच्चे तलक तजकर गायब हो जाती। घरवाले कह देते घास काटते हुए ढंगार में जा गिरी थी, देह जनावर खा गए।

वैसे बिचारे खच्चर वालों के लिए ही कौन खास सुख हुआ, हीरा ने सोचा। गाँव-गाँव भटको, सवारियों का हुकुम बजाते रहो हुजूरौ कह-कहकर। खच्चर वालों की जिनगानी हुई कि धूप हो या कि गर्मी, बरसात, बस सदा चलते रहो। सवारियाँ होटल में बिस्तरों पर चैन की नींद ले भी लें, उनको तो कच्चा-पक्का खाना निगलकर कम्बल तले ही रात काटनी हुई घोड़ा पड़ावों की कोठरियों में। वहाँ लीद-पेशाब की बास के बीच भट्ट (काला सोयाबीन) के दाने बरोबर खटमल पिस्सुओं का पक्का डेरा हुआ। दिनभर के थके खच्चर वालों को वैसे तो जमीन पर बिछाए मैले बोरों पर भी पीठ रखते ही नींद आ जाती है, पर रात में मोटे निडर और बेशरम खटमल पिस्सू उनको कई बार जगाते रहने वाले हुए। बिन पैसे घर लौटो कैसे? वहाँ भी बस गंजे सीधे सतर खड़े पहाड़ी ढंगारों पर उगीं काँटेदार झाड़ियाँ और पथरीली ढालों वाला रकबा ही हुआ। आते-जाते पैर रपटा कि देह कपड़े की पुटली की तरह नीचे खड्ड में जाकर खुल गई।

जेठ आते ही उन ढालों पर तिनके तक सूख जाते थे। उसके बाद बस धार के खुले जंगल पर ही औरतों का भरोसा आ टिकता था, पर जल्द ही वहाँ से भी एक-एक तिनका बीन लिया जाता। फिर क्या हो? तब औरतें चोरी-चोरी जंगल में घुसना शुरू कर देतीं सहेलियों और गाय-बकरियों के साथ। पर इधर जब से आग लगा बाघ बचाओ अभियान शुरू हुआ था, बाघ जंगलात के चौकीदारों की ही तरह उनकी घात में रहते। बड़ी दिक्कत हो गई थी। जंगलात वालों के अनुसार बन्द जंगल में विचरने या खाना, पानी के

हकूक सिरफ शेरों, भालुओं, हरिणों को थे। मनुष्य अगर जंगल से लकड़ी या घास टीपते पकड़ लिए गए तो कोई अपील नहीं। जुर्माना भरना ही हुआ। बाघ से दया क्या माँगें? उसका नाम तक नहीं लेना हुआ। बस स्यूँ या मैंस्वाग कहना हुआ उसे, वरना नाम लो तो तुरत आ के उठा ले जाएगा यह मानना हुआ लोगों का।

पहाड़ की औरत कठोर-से-कठोर मिहनत से नहीं डरती। बाघ का डर भी भीतर ही पी जाती है अपने बच्चे और जिनावर पालने के लिए। तकलीफें ढोने को जैसे घाटी में उनके खच्चर मोटे-मोटे तीर्थयात्रियों को भारी सामान समेत लादने को हर समय तैयार रहते थे, वैसे ही घसियारियाँ भी। पर गरम दिमाग के मरदों का ही धीरज कई बार चुक जाता था। 'लानत है इस तरह के काम पर। साले हिजड़े की तरह गिड़गिड़ाना दिन-रात। किसी तरह कोई पैसे का बड़ा जुगाड़ करा दे तो उसके लिए कुछ भी कर देता मैं।' धरम बार-बार हीरा से कहने वाला हुआ। लेकिन खच्चरों की तरह खटने का काम औरतों का नसीब ही है, यह मानने से धरम को कोई एतराज नहीं हुआ। पौ फटते ही फिसलन भरी मौत के डर के बीच रोजीना चारा-पानी लेने जाएँ औरतें तो इसमें कोई नई बात क्या हुई? इतना भी नहीं करेंगी तो दिनभर करेंगी क्या?

गाँव आने पर हर बखत बैठे-बैठे हुकुम चलाने वाले मरदों की बात और लात सहती औरतों को हर बखत खटने और बहू आते ही उसको काम में जोत देने की आदत पड़ गई थी। नीचे गधेरे तक जाकर पेड़ों तले पैर से काँटे और एक-दूसरी के सर से जुएँ निकालतीं, दराँती से नाखून काटतीं, मँडुए की राख में भिगोई घँगरियाँ, वास्कट सुरालें धोतीं, बिवाइयों में चीरू का तेल मलती हीरा और अन्य औरतें अपने जीवन के चार सुख-दुख कह-सुनकर कुछ हलकी हो जातीं। 'रात घनाघोर माँजी रात घनाघोर, बेटी नईं देणा माँजी दीबा डाँडा पोर...' ('अरे माँ रात का घटाटोप है। अपनी बेटी इन चोटियों के गाँवों में मत देना...') हीरा के साथ गाती हुई औरतों को वापसी की खड़ी चढ़ाई उतनी कष्टकर नहीं लगती थी। हीरा के बादी नट पुरखे भी औरतों की ही तरह अपने गीतों में अपने कष्टों का हिसाब सिरफ अपने देवता से ही

माँगने वाले हुए। 'हे देवा! किस हेत तुमने हमको धरती में हिस्सा नहीं बल्कि भयंकर ढाल वाले इन पहाड़ों की पीठ दे दी।'

...सच पूछो तो कि तो इस धार के दुर्गम जंगल नदियाँ या फिर ऊपर धुरे पर शिवजी की घरवाली देबी चन्द्रबदनी के अलावा धरती पर गरीब दलित बादियों और औरतों के लिए बस देवता ही हुए संरक्षक। देवता ही पिता और माता।

शिवजी ने डमरू बजाया गौरजा नाचे
कमल जसो फूल!

धरमू की मार से नीली देह के बावजूद माता-पिता कैसे बिसरा देती हीरा? जब कभी मन्दिर के बाहर खड़ी होती तो देबी से यही माँगती कि सर पर आकाश और नीचे गंगा माई, उसके मालिक के, उसके बाप के किए-अनकिए अपराध, कहा-अनकहा, सब छिमा करें।

जने हीरा की विनती थी कि धरमुआ की टेढ़ी अक्कल का परताप, उसे एक दिन जवाब आया कि कालाढुंगी साइड में जंगलात के बीच भारी निर्माण का काम शुरू हो रहा है। यहाँ से वहाँ तक सारा जंगल वैसे तो हुआ प्रतिबन्धित। लोग-बाग तिनका नहीं टीप सकने वाले हुए जंगली इलाके से। पर बिल्डर तो बिल्डर, वे भी डिल्ली साइड के। शराब माफिया, जंगलात माफिया, ओभरसीयर से लेकर मुख्य अभियन्ता ओर नेता जी तक सबके बन्धु ठहरे वे लोग। मिलकर जंगलों में ऐसे आराम से घुस गए थे जैसे दीमक। संरक्षित जंगल में भीतर सड़क नहीं बन सकती थी यह कानून हुआ लेकिन उसके बिना भीतर-भीतर निर्माण का काम चालू कर दिया गया था। हीरा से धरमसिंग ने जो कहा उसके अनुसार उसने किसी बड़े बिल्डर को यात्रा कराई थी जिससे खुश होकर सेवा की एवज में उसने छोटी-मोटी ठेकेदारी का प्रस्ताव दे दिया था और कहा कि वह खच्चर समेत कालाढुंगी आ जाए। हीरा तेरा वहाँ क्या काम? उसने कहा। पुरखों का छोड़ा घर-बार-खेती भी तो किसी ने देखनी ही हुई।

सर झुकाए हीरा चुप रही तो दूसरे भी चुप साध गए। शराबी सिरफिरे का क्या? अकेली पड़ रही औरत का पक्ष लो तो चार हाथ जड़ देगा, गाली देगा ऊपर से। गाँव की लड़कियाँ, बहुएँ उससे पहले से ही त्रस्त हुईं। धरमू कालाढुंगी गया तो उनको भी त्राण आएगा। हीरा बिचारी जरा सुख से चार दिन रहेगी उन सबने हीरा के कान के परे जाकर कहा। कमजात हुई तो भी क्या? सबके सुख-दुख में भारी मददगार हुई वह।

सो हीरा के आदमी ने अपने सेठ के लिए खच्चरों पर नदी बगड़ों से निकाली बालू-रेता और ईंट-पत्थर लदाई का काम पकड़ने की ठान ली और कंडी के रस्ते अपने खच्चर लेकर सही समय पर कारपेट पारक जा पहुँचा। बाद को जब जंगलात कानून में फेरबदल कराके भीतरी इलाके तक पक्की सड़कें बनवा ली गईं, तब तो खच्चरों की जगह धड़ाधड़ जिप्सियाँ और ट्रक माल लदाई करने लगे। सुस्त चाल वाले सर झुकाए बोझा ढोने वाले खच्चरों की दरकार नहीं रही। पर सड़क तैयार होते-होते धरमसिंग का तिकड़मी दिमाग इस धंधे की बारीकियाँ काफी समझ चुका था। जितना सम्भव था कमाकर खच्चरों समेत वह वापिस आ गया। उसके नसीब और नई सरकार के हुकुम से तीर्थस्थलों तक यात्री पहुँचाने का नया विकास कार्य इस साइड की रूट पर खुल रहा था। सुनते ही ठेकेदार मधुमक्खी बनकर चहुँदिश से उमड़े आने लगे थे देहरादून।

सड़क कहो पुलिया कहो, सड़क को सहारा देने वाली दीवाल कहो सब्ब की निविदाएँ धड़ाधड़ खुलीं और फटाफट काम चल निकला। यह देवभूमि हुई, तीर्थाटन से भरपूर पैसा कमाना हो तो पहाड़ी गाँवों के बीच होकर जाने वाली कष्टकर तीर्थयात्रा को आरामदेह बनाना होगा सरकार, पुरोहितों और बिल्डरों ने एक सुर से कहा। नया शब्द सुनाई पड़ने लगा : धार्मिक पर्यटन। पहाड़ी इलाके के हरियाले खेत सीढ़ी-दर-सीढ़ी गायब होने लगे और उनकी जगह पक्के मकान, सड़क, बिजली, खम्भों, होटलों, पर्यटक भवनों की फसल इलाके भर में दिखने लगी। रेता, रोड़ी, सीमेंट और पत्थर नियमित तौर से ठेकेदारों के लिए वाजिब दाम पर सप्लाई करने वालों की लौटरी लग

गई। डीजल-पेट्रोल बिना सिरफ चने-गुड़-भूसे के रातब पर पाले जा सकने वाले खच्चरों से माल ढुलाई कराने में फायदा-ही-फायदा था। उनकी बोझे से टूटती पीठ की चिन्ता किसे थी सिवाय हीरा के? घर वापिस लौटे खच्चरों का खरहरा करती, उनको भिगोए चने का रातिब और गुड़ खिलाती। हीरा सोचती जमाना कहाँ-से-कहाँ आ गया उसके देखते-देखते?

पहले इसी इलाके में घर बनाने वाले लोग अपने गाँव वालों के संग खुद जाकर चिनाई के लिए पत्थर, छत के लिए सलेट और लकड़ी के कुंदे समूह में ढोकर लाने वाले हुए। बचे पत्थरों-लकड़ी के टुकड़ों से बनने वाले हुए घर के लिए नए-नए सिल, पनचक्कियाँ, दही जमाने की ठेकियाँ, मथानियाँ, दराँती के हत्थे और लकड़ी के फरेम वाली स्कूली बच्चों की सलेटें। कभी-न-कभी घर के खाने के साथ इलाके के सब लोगों को उस इलाके के पत्थर कणों का सवाद चखने को मिला ठहरा। और वहाँ की लकड़ी के धुएँ की रंगत और खुशबू तो पीढ़ी-दर-पीढ़ी कच्ची-पक्की हर रसोई में बसी ही रहने वाली हुई। पर अब सीमेंट और लोहे के कीमती मकान बनने लगे थे। काँच तो तनिक जोर से रखो तो तड़कता हाथ को जख्मी कर जाता है। और लोहा एकदम ठंडा और निर्दयी, न सवाद न गंध।

हीरा को सोचते-सोचते कई बार लगता कि इस नए चमचमाट के लक्षण अच्छे जो क्या थे? फिर बात पी जाती। मौसम भी कैसा बदल गया था इधर। पहले आकाश में से चौमासा सयाणों के गुस्से की तरह रिम-झिम बरसता था। क्यारियों की ककड़ी, भुट्टे की बालियाँ, हरा साग सब फुहारों के रस से भरते जाते थे। अब पानी जगह-जगह देबी के सराप की तरह फटकर धरती की क्षमाशील कोख तक फाड़ने लगा था। बगीचे से साग-पात, छप्पर से कद्दू, लौकी के नरम फुल्यौड़े तक नदारद हो रहे थे। जल गँदला रहा था, उसकी मछलियाँ गायब हो रही थीं। मालू के पत्तों, चीड़ के लीसे और फूलों से निकलती मीठी हवा में पगडंडियों में बिखेरा पिलास्टिक कुदरती चश्मों को जगह-जगह रोककर सड़ाँध घोलने लगा था।

तरह-तरह की आशंकाएँ हीरा के निष्पाप मन के भीतर-ही-भीतर कचोटती

रहतीं। पर उसे लगता उसे छोड़कर सब इस चमचमाट से खुश थे। गाँवों में अब पैसे भी तो पहले से बहुत ज्यादा आने लगे थे। गाँव के कई पतियों ने पहले लड़कों की मार्फत तरह-तरह की चीज़ें घर भेजनी शुरू कर दीं। रंगीन कपड़े-लत्ते, माला-मनके, पिलास्टिक में बन्द आलू या बेसन के करकरान कतले, कभी पहले नहीं देखीं देसी मिठाइयाँ। फिर रुपयों की गड्डियाँ आने लगीं अचानक घरों में। फिर सब जवान परिवार नीचे बसने को जाने लगे। गाँवों में बुड्ढे ही ज्यादे दिखने लगे।

'तेरी आदत ज्यादे नहीं बिगाड़नी मेरे को। नीचे तो तुझे ले नहीं जाना मैंने' भारी स्वर में धरम ने हीरा को कुछ नोट पकड़ाते हुए कहा। 'ये तेरे लिए हैं। और ये वाली गड्डियाँ मेरे खर्चे की हैं, अलग हैं, इनको रख दे सँभाल के। गिन के दिए हैं।' हीरा के मन में रात के अँधेरे में बीसों अनुत्तरित सवाल तो पति की बोली में नएपन की गंध सूँघकर वह डरती रहती। गाँव में मेरे को, तेरे को, बन्दा, टंशन, टरंक ये सारे शब्द नए-नए नीचे मोटर सड़क वाले राहगीरों से आए हुए। टरंक में पुराने कपड़ों में लपेट के रखे रुपयों की बाबत भी अनकहे भय से रात में नींद उचटती तो बाम्बी से नागों की तरह फन उठाते सवाल। जने किस कुकरम से कमाए होंगे? भले करम से इतना पैसा कोई कमा के ला सकता है घर में? कोई कहता है लड़कियों का, गाँजे-चरस का भी व्यापार करता है। शराब वालों की लदान-की-लदान चुनाव के बखत लाता है गाँवों में। शिव शिव! रात के अँधेरे में हीरा के बुढ़ाते गालों पर पानी बहने लगता। अच्छा क्या हुआ यह धन! नहीं चाहिए था उसे यह सब। बस एक ही बच्चा छोड़ दिया होता उसके पेट में। आज सोलै का तो हो ही गया होता। लेकिन बिना मायके की गरीब लड़की तो यह सब अपने मन-की-मन के ही भीतर रखने को विवश थी।

अपनी सब अतृप्त इच्छाओं को छाती में ही लेकर जाती हैं उसकी जैसी निपूती औरतें। 'सर पर छत है, मालिक दो बखत की रोटी का परबन्ध कर देता है, यह काफी हुआ', उसके बाप ने उसे धरम के घर वापिस भेजते हुए कहा था, जब आखिरी बार वह घर से भागकर उसके यहाँ गई थी। उसाँस

छोड़कर हीरा ने करवट बदल ली। बाद की कुटम्मस वह याद भी नहीं करना चाहती थी। क्या फायदा?

एक फेरे में धरम एक मोबाइल फोन हीरा को दे गया था। कह गया कि उसे खुद कैसे लम्बर लगाना चाहिए, उसे नहीं सीखना हुआ, बस जब कभी घंटी बजेगी तो मेरी ही होगी तब तुरत ये बटन दबा देना। फोन से हरगिज-हरगिज बाहर बात नहीं करनी, समझी? उँगली से चुप्पी का इशारा करके उसने नोटों की कई नई गड्डियाँ फिर बक्से में रखाईं, ताला मारकर चाभी हीरा को थमा दी और बस फिर यह जा वह जा। न हीरा ने ज्यादे कुछ पूछा, न ही उसने कहा। उसे क्या करना धरम की इस कमाई का? कपड़े दो जोड़ी से ज्यादा नहीं चाहिए थे उसे। गहने वह पहले भी कहाँ पहनती थी? भले काम की कमाई होती तो ऐसे छिपा के क्या जाता? कई तरह के ऐबी काम तो धरम पहले भी करता था। पर जब उसके खच्चर तीर्थ यात्रियों को गौरी कुंड से केदारनाथ धाम तक ले जाते-लाते थे तब नीचे रहने तक छुपाकर करने वाला हुआ। डर हुआ तब, कि देख लिया तो तीरथयात्री हल्ला मचा सकने वाले हुए कि तीरथ अपवित्र हो रहा है करके। अब क्या? चार पैसा घर पर धरा हो तो फिर डर किसका?

डरती तो वह भी नहीं थी। एक दिन किसी ने उसे खबर दी कि सुना नीचे धरम भारी पक्का मकान बनवाकर हरिद्वार से कोई कम उमर की पंजाबन ले आया है जो गले में सोने की चेन डाले लिपिस्टिक-हिपिस्टिक लगाकर फूलदार कपड़े पहनती बाजार में मटकती फिरती है। कोई-कोई कहता है कि आर्य समाज मन्दिर में माला बदलवाली शादी भी कर ली है उससे। खुद हीरा से धरम ने खुद कुछ नहीं कहा था न उसने पूछा। पंजाबन के बजाय उसके पास अपना गुप्त धन रखवाकर धरम ने क्या इशारा नहीं कर दिया था कि जो हो, गाँव वाली इतनी-सी जगह वह उसके लिए छोड़ रहा है करके।

उसने जब अपने खच्चर बेचे तो भी हीरा के कहने पर बूढ़े जगुआ को उसके पास गाँव में छोड़ ही दिया था भैंस समेत।

बिचारा बेजुबान खच्चर बुढ़ापे में जाता भी कहाँ? सर झुकाए खड़ा रहता

था उनके घर के बाहर, आते-जाते अपनी अन्नदाता हीरा को प्रेमभरी निरीह निगाह से देखता रहता। अपनी दो भैंसों के साथ उसे भी रखती थी हीरा। चने भिगाकर खिलाती थी, कभी बाँज की हरी पत्ती भी ले आती थी उसके लिए या गुड़ की डली। घाटी से गाँव तक के रास्ते का ऐसा जानकार हुआ जगुआ कि नीचे वाली बजार से मँगवाया जरूरत का सामान धरम का कोई आदमी बजार से चढ़वा देता तो अकेला भी जगुआ उसे ले आता था घर तक।

तीर्थ यात्रा रूट के अगल-बगल धरमसिंग का भारी रसूख हो गया था, गाँव में पहले से ही ठहरा। अब तो सयाणे भी उसी के पक्ष में थे। उसकी मदद से उनके जवान बेटे जो सीजन में बहुत हुआ तो सड़क किनारे भुने भुट्टे या पकौड़ी-हकौड़ी बेचने को छोटे-छोटे टप्पर डाल लेते थे, कुछेक नाली पुश्तैनी जमीन के सहारे कागजों पर भूधारक भी बन गए। फिर बिल्डरों से नगद पैसा लेकर बगल इलाके की शामलात की जिमीन विकास कार्य को दिलाने में बाहरियों के मददगार। तरह-तरह के बाहरी लोग विकास कार्यकर्ता बनकर आ गए थे। उनमें अग्रिम सरकारी भुगतान पाते ही लोकल ठेकेदारों को फर्जी चेक देकर, काम अधूरा छोड़कर चम्पत हो जाने वालों की कमी नहीं थी, पर धरम के दबदबे से उसके लोगों का पेमेंट नहीं अटकने वाला हुआ।

तीर्थ यात्रियों की तादाद बढ़ती जा रही थी सो अच्छे रुपये सबको साल भर मिलने से बंजर इलाके में जहाँ न सड़क, न खेत, न गाय-भैंस चराने को बड़े चरागाह, जाड़े में पुआल की रजाइयों तले पुराने कम्बलों तले लोग जिनावरों से बेहतर तरह से रहने लगे थे। प्राचीन मन्दिर का बड़ा बोर्ड लगवाकर लोगों ने वहाँ यात्री बस रुकवाने वाले ड्राइवरों को मुफ्त चाय-पानी देना और श्रद्धालुओं को चतुर्दिक् जयजयकारी कराना और मोबाइल फोन रखना भी सीख लिया था। पहले पड़ाव से चलते बखत डराइवर ज्यू से समय पर गाड़ी की 'पोजीशन' मिल गई तो दुकानदार उनकी आगमनी तक गरम-गरम चाय-पूड़ी, भीतर कमरे में खास पेय तक तैयार रखने वाले हुए। रेन कोट, छाता, छड़ी से लेकर, बोतलबन्द पानी और मैगी नूडल्स जो कहो सब हाजिर।

ठीक ही हुआ। ठंड से साल में छह महीने बंजर पड़े खेत या चरागाह से

खाली इस इलाके में इसी तरह चार पैसे तो आने लगे थे। पहले जहाँ साल में बस कुछेक बूढ़े तीरथ यात्री परलोक सुधारने पहाड़ों की इस दुष्कर यात्रा पर आने वाले हुए वहाँ नई चमचमान सड़कों पर कारों के रेले-के-रेले मैदानों से आबालवृद्ध नारी, लाखों की भीड़ लाने लगे तो खच्चर से लेकर मिनी बस और जिप्सी तब सब पैसा उगलने लगे थे रातोंरात। पर ऊपर गाँव में अकेली रह रही हीरा की जिन्दगी वैसी ही थी। साथी कहो तो घर के लड़के की तरह जगुआ को ही मानती थी हीरा। जाड़ा बढ़ा तो एक गदेला पुआल का उसके लिए भी डाल देती थी भीतर गोठ में। लाख चमाचम हो जाए तीर्थयात्रा की रूट, उसे चलाने को स्वामिभक्त और मेहनती, बिना बताए सीधे अपनी राह जा बिला नागा काम करने वाले खच्चर और घरवाली इस जमाने में कितने मिलते हैं? हीरा जगुआ को समझाती थी। इसीलिए नदी की सूखी पड़ी बगड़ में जब चार-चार पाँच-पाँच मंजिल के जहाज़ी होटल-फोटल बने, नोटों की येब्बडी गड्डी-की-गड्डी लिए नए-नए किसम के और भी लोग-बागों की गाँवों में खुफिया आवाजाही शुरू हुई, गाँव से कई नए जोड़े सास-ससुर को ऊपर छोड़कर नीचे जाकर रहने लगे तो वे दोनों अविचलित ही रहे।

इधर की साइड चारधाम यात्रा फैली तो सड़कें चौड़ाने को नीचे की तरफ के पेड़ भी ज्यादेतर काट दिए गए थे। उसके बाद गाँवों से हिरन, काँकड़, घुरड़ और उनके इलाके से घिनौड़े, कव्वे, तीतर, बटेर, खरगोश, लोमड़ी सब अलोप होने लगे। असमान का रंग बदल गया। हर जगह धूल उड़ाती मशीनें और शहरी बाबू लोगों की जिप्सियों की आवाजाही से गरमियों में कई दफे चोटी पर खड़े चन्द्रबदनी देबी के मन्दिर से भी पार के पहाड़ दिखने बन्द हो जाते। धूल-ही-धूल। हर ढाल, हर सड़क के किनारे पक्के मकानों वाली बसासत बढ़ रही थी। होटल कहो होटल लॉज कहो लॉज, नल हुए, पक्के फर्श के संडास हुए, गरम पानी हुआ, यहाँ तक कि डबल रोटी, नूडल्स, इडली-डोसा, छोले-भटूरे जो माँगो मिलने लगा।

यात्रियों की जेबें अथाह गहरी हो गई ठहरीं। पिस्सुओं से भरी खड्डेदार फरश वाली धरमशालाओं में अब बस भिखारी ही रुकते थे या अत्तर की गट्टी

लगाने वाले चरसी छोकरे। साधुओं-महन्तों ने भी अपने ठेकेदार चेले-चाँटियों की मदद से भजन-कीर्तन-भंडारे के लिए होटलों से भी आलीशान महल जैसे आश्रम बनवा लिए हुए। दिक्कत बढ़ी भीतर के गाँवों में जहाँ बन कटाव से बेघर बाघों का अपने लिए खुराक खोजने को आना-जाना बढ़ गया। जाड़ों में तो वे गाँवों के बाहर पशु बाड़ों पर निगाह लगाए घात में बैठे रहते। रात हुई नहीं कि हमला शुरू। निशाना हुए बच्चे, अकेली कमज़ोर जनानियाँ या जानवर। हल्ला होता रहता कि आज किसी की बकरी उठा ले गया तो कभी बछड़ा या टट्टू। गोठों में भीतर कमरों में जिनावर और खेलने वाले बच्चे जल्दी बन्द किए जाने लगे तो गरमी में हुमक-हुमक कर बाहर आने को वे अड्याट करते रहते। उनको सुनकर दयावती हीरा का मन द्रवित हो जाता, पर साँझ ढलते ही रक्षा को द्वार साँकल चढ़ाकर बन्द करना ही हुआ। पति के चले जाने के बाद हीरा अक्सर बाघ पर नजर रखने को रात नीचे गोठ में ही नए बछड़ों और गायों के बीच दराँती सिरहाने रखकर पहुँड़ रहती थी।

निपूती बज्जर कोख वाली हीरा को भी बाघ उठा ले जाता तो इसकी चिन्ता किसे थी? वैसे जानवर साथ होते हैं तो मिहनतकश किसान औरतों को अकेलापन नहीं खलता उतना। पहाड़ी किसान सदियों से पत्थर-मिट्टी के बने मकानों में नीचे के हिस्से का गोशाला और ऊपर के कमरों का रिहायशी इस्तेमाल करते ही रहे हैं। गोठ में उनकी जुगाली करती देहों के बीच बाहर सी-सी स्यूँ करती हवा को सुनते हुए काम की चक्की में दिन-रात पिसती औरतों को नीरवता के बीच शान्ति जैसी मिलती है। जनावर भी उनकी जरूरत और बोली समझते हैं और टहल करने वाली के आगे अपनी इच्छा, नाराज़गी या खुशी ज़ाहिर करते रहते हैं। 'कितनी मुसकिल से ये बाँज की पत्तियाँ सिरफ तेरे वास्ते काट लाई हूँ, अब थूर खुशी से', कहने से भैंसें सर सटाकर सींगों की साइड से उसे रगड़ती हैं तो गले की घंटी बजकर कह देती हैं, धन्यवाद हो!

'जमाना बदल रहा है रे,' हीरा ने आधी नींद में फुसफुसाया तो जगुआ ने सर ऊपर-नीचे हिलाया और उसके गले घंटियाँ बजीं। फिर बाहर बहते-बरसते पानी की आवाज़ सुनते दोनों की आँख लग जैसी गई।

अचानक चीख-पुकार सुनकर हीरा और जगुआ चैतन्य हुए। लोग चीख रहे थे हाय-हाय, पहाड़ फट गया। बह गई जने कितनी भैंसें, सब बह गया। मिनटों में। नीम बेहोशी की हालत में गाँववालों ने कितना कुछ और नीचे बहते देखा या नहीं देखा, पता नहीं। बस इतना याद है कि होश आया तो वे जिन्दा थे और नीचे बस पानी का एक मटमैला समुद्र। जगुआ पगुराती भैंसों के बीच बदस्तूर खड़ा थुर-थुर काँप रहा था। हीरा ने किसी तरह खुद को गोठ से अलग किया। भीतर सीढ़ी चढ़ साँकल खोली। घर हिल जरूर गया था, पर सलामत था। भीतर रखे टीन के टरंक में धरम की रखवाई पिलास्टक बैग में बन्द गड्डियाँ तनिक भी भीगी नहीं थीं। खुले बक्से के सामने पुरानी बासों के बीच कुछ देर हीरा बैठी रही, फिर घुटनों पर वजन देकर उठी और खूँटी से टँगा छाता लेकर दम साधकर रेंगती छिपकली-सी वह ऊपर चढ़ने लगी जहाँ धुरे पर गाँव की रक्षक चन्द्रबदनी देवी का मन्दिर था।

हिड हिड्याह्ह! उसने खच्चर को पुकारा, बेचारा जगुआ! दरवाज़ा खुलते ही स्वामिनी के पीछे चल दिया। पूरे यात्री काफिले को चुस्त कदमों से निडर बना पगडंडी-पगडंडी गन्तव्य पहुँचाने वाला, चुनाव के समय गाँव-गाँव चुनावी कागज-पत्तर और चुनाव मशीनें तक ले जाने वाले सर्व समर्थ जीव को भी आज उसी की तरह आज खड़े-खड़े पानी, लीद, पेशाब से बचने की, ऊपर जाने की राह खोजनी थी। औरत और खच्चर नि:शब्द एक-एक कदम फूँक-फूँककर धरते सुरक्षा की तरफ बढ़ने लगे।

पानी अभी भी बरस रहा था, जोर का नहीं, पर इतना कि थुरथुरी नहीं जाती थी। घर-घर से रोती-पीटती औरतें चलने वाले बच्चों का हाथ थामे, गोद वालों को सीने से चिपकाए सीधे मन्दिर की तरफ लपकी चली आती थीं। पुजारी ज्यू आँगन में खड़े थे, फटी-फटी आँखों से विनाश को देखते। बिलखती औरतों से वे या कोई भी क्या कह सकता था जिनके ससुराल और मायके के मरद एक साथ नदी के पेट में समा गए थे।

देबी के फैसले के सामने कोई अपील नहीं होती। हाकिमान या पुलिस के आगे उसके किए की कोई रपट भी दर्ज नहीं हो सकती। न कोई कागजी

कार्रवाई, न कोई जुबानी फैसला। पर उस फैसले से जो हुआ, सबके सामने था। उसको पुश्त-दर-पुश्त मंजूर करना मजबूरी थी।

सर पर तो अब सिर्फ काले बादलों का गरजता-बरसता घटाटोप था, नीचे हिलोर लेता उफनाता निपट बरबादी का समुद्दर।

'धरम का कोई फोन-फान?' पुजारी ने उससे पूछा। नीचे सीढ़ियों तले खड़ी हीरा का सर नकार में हिला। 'चल स्यात् करके कोटद्वार वगैरा कहीं ठीक-ठाक ही होगा, यात्रा पर तो वह नहीं जाता ना अब? देखो देबी की कृपा हुई तो बच जाएगा। इस बार नवरात्रि में बड़ा घंटा चढ़ाएगा कह गया है। कुच्छ नहीं होगा उसको।'

'तू क्या मन्दिर तलक जाएगी आज?' किसी घर के चोट खाये स्याणे ने सीढ़ी चढ़ते हुए नाग जैसे फुँकारा। 'धरम रहेगा हमेशा हमारा, तू जो क्या? उस तलक ही तू भी है गाँव की, जहाँ न जिमीन तेरी मिल्कियत, न घर। न ये जगुआ। वापिस आ गया तो धरम उनको ले सकता है, नहीं भी आया तो भी तू किसी चीज पर दावा नहीं कर सकती। ठाकुर के घर बैठ के कोई ठाकुर जो क्या हो जाता है? कान खोल के सुन ले। तुम जैसियों के ही रहते आपदा फटी है स्यात् करके गाँव पर। शिव शिव!'

हीरा तीर की तरह पलटी और घर को चल दी। पीछे-पीछे जगुआ। और सुनने की उसे ताब नहीं थी। घर पहुँचकर सीधे ऊपर गई और ऊपर जाकर उसके धरम के रुपयों का बक्सा सर पर उठाया और नीचे खड़े जगुआ की पीठ पर लादकर कहा, 'चल!' सयाणों से सुना था सती की लाश कंधे पर उठाए दुख से नाचते शिव की कंधे से सती का आखिरी अंग विष्णु के चक्र से कटकर इसी थल पर गिरा था। कैसी भागवान थी वह। पहले युवती हीरा उदासी से सोचती थी। अब नहीं। 'अब तो सती के बाप पर मुझे भारी गुस्सा आता है,' उसने जगुआ से कहा, 'कई दफे सोचती हूँ कितने अपमान के दुख के साथ कूदी होगी वह यज्ञ की आग में। राजा की लड़की होते हुए भी बाप को अपने घर के मंगल कारज में अपनी लड़की का वापस मायके आना ऐसा अखर जाए तब तो ऐसे इलाके में तो बारम्बार प्रलय होना ठीक ही हुआ।'

गाँव के मन्दिर की सीढ़ियों के सामने पौ फटने तक एक ट्रंक रखकर औरत और खच्चर चुपचाप जाने कहाँ को चले गए। गाँव में फिर किसी ने उनको कभी नहीं देखा। ट्रंक अलबत्ता मन्दिर में रखवा दिया गया। 'धरम वापस आ गया तो ठीक, नहीं तो मन्दिर का जीर्णोद्धार तक करा जाएगा बिचारा जाते-जाते,' पुजारी ने कहा। दर्जनों मृतकों की मौत का कागज बनवाते मरे खच्चरों की शनाख्त कराते, सरकारी अहलकारों से मुआवजों की दरखास्त लिखने-लिखवाने के बीच किसी को इतना होश ही कहाँ था कि जो एक अधेड़ निपूती रखैल और बूढ़े खच्चर की सोचते?

पार्टीशन

जमीन का ऐसा कैसा बेसिर-पैर का पार्टीशन?

अय कुदरत की भी कोई पैमाइश होती है कभी? देखा न सुना।

पर हुई साहब, हुई।

चच्चू जी की कोठी के चौकीदार महफ़ूज़ मियाँ से राधेश्याम बाबू ने कहा।

उनके बाप कोठी के पहले मालिक वकील सा'ब के मुंशी रह चुके थे। आज महफ़ूज़ मियाँ कोठी के जिस हिस्से में पहरेदारी करते थे, और वह भी, जो दद्दू जी की कोठी कहलाती है, किसी ज़माने में एकै हुआ करै थीं। वकीलाइन ने बड़ी तबीयत से इसका नाम रक्खा था 'सुख सदन'। पीले रंग से पोती गई थी सो शहर में नाम चल पड़ा था, पीली कोठी।

ये बनी इस तरै कि वकील साहेब के एक दिलदार जमींदार मुवक्किल थे। उन्ने वकील सा'ब को अपनी पुश्तैनी जमीनों का भारी पेचीदा मुकदमा जितवा देने पर फीस के साथ छह एकड़ जमीन का मुरब्बा बतौर तोहफे के दिया था। जब तक वकील-वकीलानी रहे, उनका सुख सदन सुखी ही रहा आया।

कोठी के बँटवारे की लड़ाई-भिड़ाई और एक कोठी के दो में बदलने की लम्बी दास्तान उनके बाद उनके बेटों से शुरू होती है।

बड़े घरों की भीतरी कहानियाँ खुद बाहर नहीं जातीं। बाहरियों के बीच मुखामुखी कही-सुनी के दौरान धीमे-धीमे रिसती हुई कभी किसी पुराने मुंशी, मजदूर, सेवा टहलवालियों, गश्ती पुलिसवाले या पुराने चौकीदारों की ज़ुबान से टपकती रहती हैं। जभी वो गोल-गोल चलती हैं। इस दौरान जैसे कोई मरी

गौरैया टप्प से बीट कर गई हो, किसी बात में छुपा बीज धीरे-धीरे कल्ले फेंकते हुए एक दिन बड़ा सा पीपल का दरख्त बन जाता है। इस कोठी का भी जेई है।

बुरो न माने यार तौ एक बात कहवा चाहूँ।

बोल!

हम्बे मेव हूँ, सो बेटी चो' मुँफट हूँ जभी पूछ रिया हूँ कि कर्ज़, मर्ज़, फर्ज़, और पतुरिया इन सबको लेकर रईसों के यहाँ के परपंच नहीं होता? इतनी जिमीन कोई मुवक्किल अपने वकील को बिन माँगे दे दे तो क्या लेनेवाले के दिल में खटका न होवा होयगा? हैं?

महफूज़ मियाँ चौकीदार की बात पर राधेश्याम बाबू तमक उठे। अरे वकीलान को कैसा भय किसकी संसा? इमली के पत्तान पे दंड पेले हैं उनकी ज़ात। सोचा होगा कुछ ना कुछ काट निकाल लेवेंगे कभी कुछ छल छिद्दर हुआ तौ।

सो तो है यारो।

कौड़ा तापने चला आया गश्ती पुलिस कांस्टेबल सर हिलाता अन्धकार को यूँ ही घूरता बैठा रहता है, फिर उसाँस भरकर खड़ा हो जाता है। कभी क्या शान थी इस कोठी की, साले भाई-भाई के झगड़े ने मटियामेट कर डाला। अभी तौ दोनों तरफ दो बूढ़ियाँ बैठी हैं। उनके बाद देखते हैं आगे इस जिमीन के नसीबों में के लिक्खा है?

मुँह बिचका कर फेफड़ों से खींचा हरे बलगम का लोंदा अभिशप्त धरती पर थूककर कांस्टेबल ऐसे निकल जाता है, जैसे बदला ले रहा हो।

छोटी सी बात भाइयों की जोरुओं के बीच उपजी। इस बीच एक रोती लड़की घर से दूर चली गई तौ बात नापै लगी सुरग पाताल।

—के जिह्वा ऐसी बापुर, कह गई सरग पाताल, क्या?

—कहि गई सरग पाताल..

—हाँ, तो आप तो भीतर ह्वै रही, अरु जूती खाय कपाल।

—हा मानुख की जात।

बस कहानियाँ ही कहानियाँ।

सालों बाद भी चाँदनी रातों में शहर में उसकी कहानियाँ छत दर छत कही जाती थीं। कोठियाँ बहुत बड़े लोगों की थीं जिनके लिए शहर के नए लोग कृमि कीट की नाईं थे।

अदालत के इशारे से पीली कोठी एक से दो फाड़ हुई औ' धरती की छाती पर लोहे की कुदालियाँ चलनी शुरू हो गईं।

शुरू में शहरवालों को शाम को लौटते मजदूरों से टुकड़ा-टुकड़ा कहानियाँ किसी अलाव तो कभी किसी ढाबे पर मिलतीं। अटकलें उड़ने लगतीं।

एक भाई ने जात बाहिर शादी क्या कर ली, कि घरै बँट गया?

ऐसा कैसा पार्टीशन जी? न देखा न सुना।

'जमाना बहुत खराब आ गया है।'

आखिरी वाक्य शहर का तकियाकलाम था। इन चिमगोइयों से खुदाई की कहानी शुरू होती थी जानी-पहचानी सतह से, पर अन्त तक भीतर से एक अनजाना शहर का शहर निकल आता। अब ऊपरवाला जाने के सच क्या और झूठ क्या? हमने तो जैसी शहरवालों से सुनी तैसी भैंचो बोल देते हैं, चौकीदार कहते।

जब निस्तेज साँझ बुझ जाती थी, ऊँचे नीड़ों के बीच, थकी चिड़ियों की चहचहाहट बन्द होती। तब फिर चाँद उगता, अकेला। फिर झुंड के झुंड नछत्तर। और इसके साथ ही दोनों कोठियों के हातों में निकल आते थे चच्चू जी की कोठी से महफ़ूज़ भाई और दद्दू जी की कोठी से मुन्ना। वर्दी पहिने अपने-अपने क्वार्टर से लाठियाँ लेकर वे निकलते और पेड़ों के बीच, झाड़ियों को डंडे से खँगालते हुए चहलकदमी शुरू करते। फिर जैसे चोंच में दाना दबाये चिड़ियाँ घोंसलों को और चींटियाँ रेंगकर बिलों की तरफ चलना शुरू करती हैं, चौकीदार फाटकों के पास खिसक आते।

देर रात चुप रहते-रहते जीभ अकड़ जाती है, मूँ तक साला गँधाने लगता है।

कहानियाँ सुरती की तरह मली जाने लगतीं। शुरुआत बातून मुन्ना करता। पार्टीशन कोई हो, ठेकेदारों की बन आती है।

फिर कहानियाँ खुलने लगतीं, थान के थान।

सुना, हाते से छत तक के दो टुकड़े होने पर आए तो नए मालिकान को लगा कि भैंचो' सबसे पहले दोनों घरों के बीच एक मजबूत दीवार का कायम होना बड़ा जरूरी था।

जब यह तय हो गया तो दीवार का ठेका उठा। पुश्तैनी इमारत का हाता भी काफी बड़ा और खुला-खुला। छत भी। बरसों से वहाँ घर के लड़के मर्द कनकौव्वे उड़ाते रहे थे। बहुरियाँ मायके का बखान और बूढ़ियाँ पोतों की तारीफ और बहुओं की निंदा करती हुई बड़ी, अचार-मुरब्बे, पापड़ बनातीं-सुखाती आई थीं। दोनों भाइयों ने अलग-अलग ठेकेदार लगवाए।

फिर लम्बी जिरह चली। और भीतरखाने सब चीज बस्त के दो टुकड़े किए जाने लगे। देखते-देखते परिवार की पुश्तैनी बोली-बानी, खान-पान, पहिरना, ओढ़ना, सबका रवैया रातोंरात बदलकर बेमतलब बन गया। बात-बात पर हाथ उठने की खबरें आने लगीं। गालियाँ ऐसी कि नौकर-चाकर भी कान पे हाथ धर लें!

उधर ठेकेदारों ने भीतरखाने सुलह कर ली और जल्द ही बाजार की बढ़ती महँगाई और अच्छे राज मिस्तरियों की कमी का हवाला देकर अपनी-अपनी फीसें दुगनी करवा लीं।

अब बारी आई दीवार की चिनाई की। जैसा हुकुम था, कफनखसोट ठेकेदारों ने वैसी ही पक्की ऊँची दीवार बना दी। गारा-सीमेंट-ईंट-पत्थर, ऊपरी सिरे पर टूटी बोतलों के काँच। कि मादरचो' घुसपैठ का सवाल ही ना उट्ठे।

आखिरकार दीवारवाले मजदूर बिदा हो गए। कोठी को तकसीम करने वाली इस मनहूस दीवार को न इन्ने रँगवाया न उन्ने। अलबत्ता दोनों तरफ अलग-अलग दो फाटक लग गए जिनके अगल-बगल मालिकान के नामों की दो अलग तख्तियाँ लटक गईं।

इस तरियां मनुष्यों के बनाए तमाम नियम-कायदे एक-एक कर तहा दिए गए। अब जब दूनू कोठीवाले अपने-अपने हिस्से में भीतर सोने चले जाते तो उनके चौकीदार लाठियाँ ठकठकाते हुए गश्त लगाते। पहले पिछवाड़ा, फिर

अगल-बगल। फिर सामने। 'जागते रहो! होशियार!' दूर जंगल में चाँद की तरफ मूँ किए सियार बदस्तूर रोते रहते, हुआँ, हुआँ...

रात गए नीम-पीपल-पाकड़ और जामुन की पीली पत्तियों की चुर्रमुर्र के बीच फाटकों के बाहर प्रेतात्माओं की तरह चौकीदार रात गए अगल-बगल के फाटकों पर पास-पास बैठ जाते और कहानियाँ चिमगादड़ों की तरह लटकने लगतीं...।

सावधान! होशियार! और कहानियों के बीच कई चौकीदार आए-गए। दोनों कोठियों में बरसों ब्याह-शादी जापे मौतें सब होते रहे। पै ना सुना इस सैड का कोई उधर गया, न ये कि उस सैड का कोई इधर आया।

—ऐसा भी कैसा बँटवारा? अंय? जमाना बहुत खराब है।

चौकीदार महफूज़ मियाँ मुन्ना चौकीदार को बताते हैं कि उनके जनम से बहुत पहले उनके अपने इलाके में भी ऐसा कुछ घटा था जिसे उनकी दादी 'भग्गी' कहती थी। हैजा पिलेग जैसी नामुराद चीज थी भग्गी। एक बखत ऐसा आया जब सारे इलाके के गाँवों को छूत लग गई थी। देखते-देखते जमीनें बँटीं या छीन ली गईं और बड़े-बड़े ज़मींदारी खानदानों के कई लोग सदियों पुरानी बाप-दादों की जमीन छोड़कर कोठियों पे ताला जड़ के अनत देस चल दिए थे।

भग्गी का ये, कि हर बार की भग्गी में जितने इधर के उधर गए, उतने उधर के इधर आए।

भाई-भाई के बीच मारकाट की कई कहानियाँ दोनों ने अपने पुराने लोगों से सुनी थीं। मुन्ना की अजिया कहती थीं कि गदर से पहले इंगरेज के जमाने में उनके मैके के पास भुतहा इमली कहलाने वाले इलाके में पुराने जमाने की एक कोई भारी बाबा की लाट थी जिसके बारे में मशहूर था कि वह धीमे-धीमे धँस रही है। और जिस दिन वह गिरी भैया, तो जानो के सब खतम। जंगलराज। न बाप बाप रहेगो ना भाई भाई। गाँव वालों ने पहरा बिठा दिया। पर एक रोज सुबह-सुबह बाबा की लाट पर पहरा देनेवाले चौकीदारों ने पाया कि लाट मुला टुकड़ा-टुकड़ा हो के गिरी पड़ी है। सब सन्न रह गए। कोई आवाजै ना सुनी। जरूर जिन्नातों को बुलवाया गया होगा ये धत करम करने।

लाट गिरने के मसले पर ऐसी तलवारें खिंची कि मुन्ना की सैड के सारे इलाके में बड़ी भारी भग्गी हो गई। दूनो तरफ के मन भैया, कोयला हो गए थे रातोंरात। गोरे फौजी हंटर ले-ले के घोड़न पे दिनों तक गस्त करते रहे तब जाके सांति बहाली हुई थी। बहुरिया बेटियन की इज्जत मिट्टी में मिली सो अलग, कहते हैं गाँव के गाँव खाली हो गए।

इधर का भी बताते हैं कि खाली कोठियों से कुछ तो उधर से इधर आए रसूखदार लोगों को बतौर हरजाना मिल गईं। कुछ पर सरकार के कुछ अफसरों का दिल आ गया। उनको दुश्मन की मिल्कियत बनाकर नीलामी पर सरकार से औने-पौने खरीदा जाने लगा। यहाँ से शुरू हुई दास्तान पीली कोठी की। हुआ ये कै चच्चू जी के होने वाले ससुर यानी अपने खान साहिब पे अचानक नालिश कर दी गई थी कि उनकी पुश्तैनी जमीनें तो अब तो दुश्मन की मिल्कियत वाली कटेगरी में आती हैं लिहाजा इन पर सरकार का दावा बनता है।

अमां ऐसा भी क्या न्याव?

खान साहेब तुरत अपने पुराने दोस्त वकील साहिब के पास गए, जिनका तब बड़ा नाँव था। और अक्ल माशाअल्लाह ऐसी पेचीदा थी, कि कील डालो तो साली स्क्रू बनकर बाहिर निकलती थी। खान साहिब से बातचीत के बाद भैया वकील साहिब ने सरकारी वकीलों की फौज के खिलाफ मुकदमा ऐसा जम के लड़ा, ऐसे-ऐसे पेचीदा दाँव लगाए कि साल भर में उनके मुवक्किल को उनकी पुश्तैनी मिल्कियत बाइज्जत वापस मिल गई। अफसर टापते रह गए।

ईद का चाँद उस बरस हँसुए की तरह उगा और वकील साहिब पर बरकत बरसा गया। मुकदमा जीतने के बाद एक मन मिठाई लेकर जमींदार साहिब वकील साहिब से मिलने आये थे। उन्ने वकील सा'ब से पेशकश की कि फीस के अलावा वो जमीन का चार एकड़ का एक फलदार मुरब्बा भी उनकी तरफ से बतौर तोहफा कुबूल फरमाएँ।

वकील सा'ब जानते थे कि उस नायाब जमीन की कीमत उनकी फीस से भी कई गुनी ठहरती थी। उनको क्या उज्र होता? अल्लाह के फ़ज़्ल से

दो-दो बेटों के बाप थे और किसी मुनासिब जगह पर अपनी अगली पुश्तों के वास्ते एक खूब बड़ी सी कोठी बनवाने की सोच भी रहे थे।

खान साहिब की तो तीन बेटियाँ हैं। ब्याह कर बाहर देस चली जाएँगी। बाद को शायद उनके बेटे ही वो जमीन भी खरीद लें, वकीलानी बिन होंठ हिलाए बोली थीं।

सपने। बस सपने।

सा'ब का बताएँ कित्ते मुहब्बत और खुलूस के साथ ये इत्ती बड़ी कोठी बनवाई गई थी। पीढ़ी-दर-पीढ़ी साझा इस्तेमाल के लिए। बरसों गुलजार भी रही, न जाने कितनी शादियाँ देखीं इसने, कितने मुंडन, होली-दीवाली, जापे और भोग सराध। पर समय होत बलवान। किसे पता था वकील-वकीलानी के बाद सगा खून इस तरह बँट जाएगा?

—जमाना बड़ा खराब है।

किसे पता था कि वकीलानी एक दोपहरी को सोईं तो फिर ना जागेंगी। कि अगले बरस इस जहाज सरीखी कोठी के मालिक पे भी अचानक भारी हार्ट अटैक आ जाएगा।

अरे, चाँद-सुरुज को भी राहु-केतु खा जाते हैं कभी-कभार। काल के हाथ एक दिन मिटा देंगे सब। इन साले नछत्तरों को भी मियाँ, क्या?

नछत्तरों को भी।

पर इच्छा कभी नहीं मरती। न सपने। न भाइयों के झगड़े।

कोठी में बरतन मलने वाली रामरत्ती की दादी ने रामनरेस की फुआ को बताया था के वकील साब के अदब से यह खानदान बरसों एकजुट बना खूब फलता-फूलता रहा। पर फिर वकीलानी एक ही बहू ला पाई थीं कि चच्चू जी की बारी आती, उससे पहले ही सुरग सिधार गईं। वकील साहिब को दो साल बाद हार्ट अटैक आया और मिनटों में देही छोड़ दी। बस तब से घर को घुन लग गया।

सब दिन होत न एक समाना।

अगली पीढ़ी में दोनों बेटों के बीच भीतरखाने बदफैली हो गई। बात इतनी

बिगड़ गई कि वकील साहब के बड़े, जो दद्दू जी कहलाते थे, और उनके छोटे भाई चच्चू जी सगे भाई होते हुए भी जुदा होने पर तुल गए।

मसला भी कुछ ऐसा ही था।

शहर में उस मसले की बाबत कई बाशिंदों के बीच कही-सुनी जाती कहानियाँ तनिक खोदो तौ जमीन के भीतर से परतों में सदियों से दफ्न नदियों की माफिक धार-धार सतह पर आ जाती हैं।

'सुनते हो महफूज भाई?' बातून मुन्ना कम्बल ओढ़े बगल के फाटक पर जागता था।

'हूँ?'

'रामसनेही की बात पर सोच रहा था।'

'हूँ?'

'अब कोठीवालों का रसूख जित्ता बड़ा हो, लोगों के मुँह पर तो ताला नहीं लग सकता किसी तरैयाँ।'

'हूँ।'

भाई-भाई के बीच अलग्योझे का माहौल इस तरैयाँ बना कि वकील सा'ब के छोटे बेटे चच्चू जी ने अचानक सालों पहले बाप की दी जुबान झुठलाते हुए ऐलान कर दिया कि वे घर की बड़ी बहू यानी भाभो जी की छोटी बहन से ब्याह नहीं करेंगे। जब से भाभो ब्याह के आई थीं, कोठी में उनकी छोटी बहन का आना-जाना लगा रहता था। चुहलबाज़ चच्चू का दद्दू भैया की साली साहिबा से हँसी-मजाक भी चलता रहता। कभी-कभार दोनों बहनों को दोपहर का सनीमा भी दिखा लाते थे चच्चू। यह सब देखकर भीतरखाने सब निष्फिकर से थे कि चलो घर की अगली बहू खोजने को बाहर नहीं जाना होगा। घर में कुशल गिरस्तन भाभो का भारी रुआब था। और दद्दू जी ही नहीं, चच्चू जी भी उनके कहे उठते-बैठते थे। उनको पक्का यकीन था कि उनकी बहन ही उनकी देवरानी बनकर घर की शोभा बढ़ाएगी। हाँ।

—पर समय होत बलवान जगत में, समय होत बलवान।

उधर भाभो और उनके मायके वाले छोटी के लिए गहना-गुरिया-साड़ी-

लहँगे मोला रहे थे और इधर बाप के मरने के बाद चच्चू जी को काम के सिलसिले में बाहर जाना पड़ा। यह वही शहर था जहाँ उनके बाप के उसी खानदानी मुवक्किल का घर था, जिसने कोठी की जमीन उनके वकील साब को दी थी और सालों तक ईद मीलाद पर उनको तोहफे भिजवाया करता था।

—जमाने का क्या? बदलना उसकी फितरत है। महफूज़ मियाँ ने लंबी चुप्पी के बाद कहा।

उधर चच्चू जी के टैम तक खान साहिब सरीखे पुराने जमींदार लोगों की शहर को चलाने वालों के बीच औकात दो कौड़ी की हो के रह गई थी। मुंसीपाल्टी चुनावों में कौंसलर का टिकट भी उनको नहीं मिला था। दिलों में ऐसा मैल आ गया था। बात बढ़ाते तौ मसला हो जाता लिहाजा खान साहिब बाहरखाने समझदार चुप साध गए। हालात से आसानी से हार मानने वालों में से खान साहिब न थे। ठीक-ठाक तरह खाने-पीने रहने को अभी भी काफी जायदाद थी, फलों के बागान थे। बेदिली ही सही पर दिखावे को उनको अभी भी मान पान दिया ही जाता था। शहर बदल रहा था। दरख्त कट रहे थे। मॉल और पब खुल रहे थे। कौड़ियों की जमीन अशर्फियों पर तुलने लगी थी। पर उनकी ही तरह सारे खानदानी घरों के अगली पीढ़ी के लड़के बाहर जाने लगे थे, कनाडा, आस्ट्रेलिया, मैनचेस्टर। खान साहिब पा रहे थे कि उन सभी ने बहुओं के साथ इधर-उधर आशियाना बसा लिया था, वापस कोई नहीं आता था। कुछेक ने तो बूढ़े माँ-बाप को उधर बुला लिया गो कि खतूत से लगता था कि वहाँ बूढ़े खुश नहीं थे।

खान साहिब का एक बड़ा दामाद जरमन में था, दूसरा इराक में। बीवी गुजर चुकी थीं लिहाजा आखिरी बच्ची की किसी भली जगह शादी करना अब उनकी सबसे पहली और आखिरी जिम्मेदारी थी। उन्होंने तय कर लिया कि सबसे छोटी लाडली के लाने वे वो दामाद लाएँगे जो घरजमाई बनने को राजी हो। जो बचा है सब उसी का।

जब खबर आई कि वकील सा'ब का बेटा नौकरी के सिलसिले में घर से इधर आकर किराए का घर खोज रहा है तो उन्होंने दोस्त के बेटे को बड़ी

आव-भगत से अपना किरायेदार रख लिया। लड़का खुशदिल था, औ' जब रहने लगा तो धीमे-धीमे बातून चच्चू जी से घर की लड़कियाँ खुलने लगीं। बड़ी या मझली जब भी मायके आतीं उनसे पर्दा न करतीं। उनके शौहर भी बड़ी मुहब्बत से पेश आते। होते-होते कुछ समय बाद नन्हो उर्फ सलमा का टाँका चच्चू जी से भिड़ ही तो गया। चच्चू जी बिंदास आदमी थे और बात परवान चढ़ी तो जाके लड़की के बाप से कह दिया कि उनका इरादा सीधे शादी-ब्याह का है। कुछ देर खामोशी के बाद पूछा गया, बरखुरदार, आपको कलमा पढ़ना मंज़ूर है?

है।

—इस तरैयाँ पीली! कोठी को भनक होती इससे पहले चच्चू जी कलमा पढ़कर सलमा का खाविंद बनना तीन बार कुबूल कर लाखों के मालिक बन चुके थे। अब कहो?

—क्या कहना-सुनना भाई। मन्ने भी उड़ती सी सुनी थी।

शहर तब ऐसा चमक-दमक वाला ना था, जैसा इब हो गया है। तब तौ बस एक दस बजिया टरेन रुकती थी यहाँ। बस अड्डा भी पेशाब से गँधाता था।

चच्चू जी दुनियादार थे। देख रहे थे कि जिमीन सोने के मोल जाने लगी है इब यहाँ। एक-एक गज के मुरब्बे पर तकरारें होती थीं।

सो कलह के बाद मामला अदालत गया, माप-जोख हुई। घर बँटा।

अब एक दिक्कत पेश आई। बँटे हुए घर के एक हिस्से में तो रसोई समेत पूरा भंडार आ गया था, और दूसरे में सारे संडास और नहानघर।

अब इनसानों की जात। न खाना छूट सकै, न पाखाने जाना। पर दो सगे भाइयों के परिवारों को रातोंरात रोजाना साथ उठने बोलने ही नहीं, साझा रसोई में खाने या साझा संडासों में हगने तक से परहेज हो जाए तो अदालत और करती भी क्या? कह दिया सरकारी अमलेदार से माप-जोख करवा के घर के मुरब्बे को दो बराबर हिस्सों में दोनों भाइयों के बीच बाँट दिया जाए। उनको क्या कि पुश्तैनी साझा घरों के किसी खीरे की तरह दो बराबर टुकड़े नहीं किए जा सकते।

कचहरी के औडर पर सरकारी खसरे खतौनी खुले थे। फीते लिये माप-जोख वाले आए। माप-जोख के बाद सियाही से नक्शे पर ऐसी सरकारी लकीरें खींच दी गईं जिनका जमीन या पानी की कुदरती बनावट-ढलाव से कोई वास्ता नहीं था।

लो जी। इतने महाभारत के बाद भी दो घर बने तो दोनो के दोनों आधे-अधूरे।

एक तरफ दद्दू जी और उनका परिवार, दूसरी तरफ चच्चू जी और खान साहेब का खानदान।

जब बाहरखाने पुख्ता दीवार बन गई तब जाके भीतरखाने दोनों पाल्टियों के मनमुताबिक नई तरह की गढ़वाई शुरू हुई।

भीतरी खुदाई की गंध पाकर सबसे पहले पुश्तों से बसे भंडार के चूहे भाग निकले और बाहर माटी के बिलों में दुबक गए। उनकी ही तरैयां काकरोच भी नालियों में समा गए। दोनों भीतर-भीतर अपने पुरखों की तरह नई पाली का इंतजार करने लगे। कहते हैं जब जापान पर बम गिरा था और इलाके की सारी इनसानी नसल मिट गई तब भी कई साल बीतने के बाद जैसे ही नई बसावट शुरू हुई, भीतर छुपे चूहे और कॉकरोच सही-सलामत बाहर निकल आए। बम भी उनका कुछ नहीं बिगाड़ सका था।

खैर, चलो इसी बहाने नई तरह से सब हमारे मनमुताबिक तो बन जाएगा। बेटे-बहुओं ने कहा जिनको आनेवाले वकत के हेतु भारी जमा जथा समेत कोठी विरासत में मिल गई थी।

कोठियाँ एक की दो बनीं, तौ रात के अँधेरे में कई अजीब-अजीब बातें होने लगीं। सोचा गया कि मजबूत कद-काठी के चौकीदार रखे जाएँ जो तेल पिलाई लाठियों के साथ रात भर जागते रहो, होशियार कहते हुए गश्त लगाएँ तो कोई घुसपैठ ना होवेगी।

पर कुदरत का क्या?

शुरू में दो-चार चौकीदार महीने की तनख्वाह लेने के बाद यह कहते हुए छोड़ गए कि रात के अँधेरे में एक अजीब सी हवा चलती है और दीवार के बीच से धूल के गोले निकलकर शक्लें लेने लगते हैं। किसी को उनमें

वकीलनी का भूत दिखा, किसी को वकील सा'ब का। हवन्नक जैसे चेहरे से वे मालिकान से कहते कि अचानक किसी झाड़ी से भी एक बगूला सा निकल के इनसान जैसा कुछ बनता है, फिर उनके खून को बर्फ जैसा जमाते हुए उनको झकझोर के जैसे उठा था, वैसे दीवार में घुस के गायब हो जाता है।

शहर के चौकीदार नट गए तौ बाहर से कद-काठी वाले चौकीदारों को बुलवाया गया। घर की औरतें कहती रहीं कि इससे जरूरी खर्चों पर कटौती हो जावेगी। पर जब मर्दों ने डपट दिया कि जरूरी है तो वे भी चुप साध गईं।

रात तेज हवा चलती तो अपार हवा उनकी मच्छरदानियों में जाने कैसे घुसकर उनको किसी गुब्बारे की तरह नक्षत्रों की ओर उड़ाने की कोशिश करती। कभी कोई बिल्ली अकारण रोती घूमा करती। कभी उल्लुओं की फड़फड़ाहट एकदम पास। कोख में पलते बच्चे वाली बहुएँ चिहुँक कर जाग जातीं। पतियों से कहतीं उनको मायके पहुँचा दें। ये कोठियाँ मनहूस हैं।

नहीं होतीं?

तो सा'ब जब इधर पुराने साझा चूल्हों की कालिखभरी निश्वासें मिटीं तो उधर काईदार संडासों, नहानघरों की बारी आई। पुरानी दीवारों, ताखों और झिर्रियों वाली खिड़कियों के साथ बहुत सारा पुराना गायब हो चला। मसालों की गंध, पानी की मिट्टी से मिलने और फिर छुपे पिछवाड़ों में काई बनने की गंध। पुराने साबुनों, पेशाब और गू की गंध।

बहुत सारा सामान घूरे पर फेंक दिया गया। खुट्टल टूटी बेंटों वाले चाकू, सिल-बट्टे, भीमकाय पत्थर की चक्कियाँ, सूप, फुँकनियाँ, बाबा आदम के जमाने की छन्नियाँ, चार टेढ़ी डगमग टाँगोंवाले कद्दूकस, सेव, सिंवइयाँ, गुझिया बनाते आए पिचके साँचे, मिट्टी के एड़ियाँ रगड़ने वाले झाँवे, पुरानी साबुनदानियाँ, खूँटियाँ।

दोनों नए घरों में अब टाइल वाले नए रसोईघर थे। संडास और नहानघर भी चमचम टाइल वाले एक ही साथ दोनों तरफ बनवा लिये गए। अब हर घर में हर सोने वाले कमरे के साथ अपना नहानघर और संडास था। सुबह-सुबह दरवाजा ठकठका कर इंतजार काहे भाई? फरक था तो बस इतना कि

इस सैड और उस सैड बड़े लोगों ने अपने लिये एक तरफ मग्गे और दूसरी तरफ टोंटीदार गड़वे रखा लिये जिस पर कुछ बुरा मानने लायक तंज कसे गए। कुछ दाँतियाँ फिर भिंचीं।

इतना कुछ तो बदल गया। लेकिन रोजाना अँधेरा होते ही कई बूढ़े उल्लू एक-एक कर दोनों तरफ हाते के दरख्तों पर अपने सालों पुराने कोटरों से निकल कर शाखों पर उसी तरैंया बैठ जाते जैसे बैठते आए थे। अपनी पीली आँखों से वे जाने किसको क्या-क्या अद्‌भुत इशारे करते रहते थे। लोग मानते थे कि वे रात को इनसानों का आगा-पीछा, जीवन-मरण सब साफ-साफ देख सकते हैं, क्योंकि तमाम प्रेतात्माओं, जिन्नातों से उनकी दोस्ती होती है। उल्लू, हर मच्छर, हर नक्षत्र, हर जमीन के भीतर मूँछें सुरसुराते चूहे, नालियों के भीतर कीचड़ और गू पर जिन्दा हर काकरोच की बाबत जानते हैं। ऐसा चौकीदारों का मानना था जो खुद भी निशाचर थे। रात के जीव।

दिन भर सोते, रात-रात जागकर पहरा देते, जागते रहो! होशियार!

उनके और त्रिकालदर्शी उल्लुओं के बीच अदब भरी खामोशी रहती थी।

चौकीदारों को यकीन था कि वे मिट्टी, पानी, हवा, अक्कास और अगिन का बँटवारा होते देखकर आए होंगे। उल्लुओं की मार्फत पिरेतों से खबर मिली होगी तौ पुरखे एक-एक कर जरूर आए होंगे। और कोठी को दो हिस्सों में तकसीम होते हुए देख कर शरीर में कलेस और मन में ताप लिये वापस उड़ गए होंगे।

महफूज़ मियाँ के पुरखे मेवात सैड के थे। मुन्ना मथुरा सैड के किसी पहलवानी खानदान के।

हमारे कहते हैं कि 'मेव कौ कहा मुसलमान', मुन्ना छेड़ता। मियाँ, तू भी हमारे ही जस।

सो तौ है। हमारे कहवै हैं कि 'ना जिमीन थापी हमने फिर भी धरती के देव, तौ सुन री तिरिया बावली इब जात हमारी मेव!' इब जे हैं सो हैं। गरीब का अग्गा क्या मादर चो' पिच्छा क्या?

अजब देस मेवात। भैंचो पहले गाली पिच्छे बात।

बीच-बीच में झिलमिली के परे अपनी-अपनी अपार कोठियों में निस्सहाय कैद, कभी सहन में धूप खातीं, तेल लगवातीं तो कभी भीतर अपनी छपरखटों पर पड़ीं निद्राहीन बूढ़ियाँ उसाँसें छोड़ती पुकारती हैं, अरे मियाँ जागते हो?

—जी हुजूर।

—काहे मुन्ना जागत हौ?

—जागत हई सरकार।

फिर थोड़ी देर बाद जादूपुर की इन्नरजाली कथाएँ घुग्घुओं की तरै पंख फड़फड़ाती उतरने लगती हैं।

'ये इनसानों की बस्तियाँ जो हैं न महफूज़ भाई', मुन्ना चौकीदार कहता है, 'ये सब साली मिट्टी-हवा-पानी-अगिन-जल से नहीं, कहानियों से बनी हैं।'

महफूज़ मियाँ ने सर हिलाते हैं, 'बात तो भैंचो सही है।'

जब तमाम तरह की नई बनावटों के साथ अलग अलग ज़िंदगियाँ बह निकलीं तो शौकीन मिजाज चच्चू सैड ने पहला काम किया के कबूतर पाल लिये कई तरां के। चच्चू को जिनावरों का शौक तो बचपन से था पर वकीलनी को पंछी कुत्ते या बिलार पालने से परहेज़ था। पुरानी चाल के नेम-धरम वाली थीं। रसोई उनकी ऐसे चमकती जैसे शीशा। बहुओं को बताया जाता। कई दफे इस्कूल से वापस आती बिटिया चच्चू जी पिल्ले या चिड़िया के बच्चे उठा लाती जिनको उसके इस्कूल से वापस आने तक कहीं फिंकवा दिया गया होता। उसने दो-तीन बार पैर पटके खूब चिल्लाई पर दद्दू जी ने अपने नए खिलौने उसको थमाकर बहला लिया। दद्दू जी का चन्द्रमा उच्च का था सुभाव से शीतल थे।

चच्चू जी की ससुराल में इसके उलट जिनावर पालने, पतंगबाज़ी और कबूतरबाज़ी का शौक खानदानी था। अपने हिस्से की कोठी में आते ही सलमा ने कई तरैयों के कबूतर और परिंदे मँगवाकर पाल लिये। छत पर रंग-बिरंगी ललमुनिया के पिंजड़े लटक गए। नवाबजान बढ़ई से चच्चू के कुछ खास दुलारे लक्का कबूतरों के वास्ते दरीचे निकलवा लिये गए।

जवाब में दद्दू जी ने दो बड़े खूँखार जरमन के कुत्ते पाल लिये। हाते की

रखवाली को दोपहर के खाने के बाद उनको दो घंटे को खोल दिया जाता। फिर दोबारा रात दस बजे के बाद से सुबह तलक। मजाल कि उनके गश्त लगाते इधर की कोठी में उस सैड का कोई पैर भी रख सके। सुना किसी के उकसाए उन्होंने उधर के माली और धोबी समेत को चारेक बार काट खाया तो वे नौकरी छोड़ के चले गए कि इस साली कोठी के झगड़े में हमारी जान नाहक काहे जाए भाई, एं?

समय बहता गया। गोधूलि की मेघ सीमा पर साँझ उतरती। एक तरफ आरती- घंटा, दूसरी तरफ अजान।

होते-होते अतीत के प्रेत भी मिट चले। बीते जमाने का सारा तामझाम खोकर दीवारों के आर-पार खोजते भी तो क्या?

पर उधर कबूतरों की सुनो। वो पंछी की जात, न दीवार मानें ना बाड़। न पिरेतों से डरें, ना ज़िन्नातों से। कितनी तिथियाँ, कितने वार अतिथि, कितने रमज़ान, कितने होली-दीवाली।

हर बार छत से भाभो की महरी तो नीचे से मालिश वालियाँ चिल्लातीं कि ये गोस-पोस पकने की बास से जिउ घिन्ना जाता हैगा भाभो जी का। राच्छसों की तरैयाँ दिन-रात का गोस-कोरमा। अरे खाने वालों के पेट में कीड़े पड़ें। नौरातों में भी गोस-मच्छी।

दूसरी तरफ से जुवाब आता अय बीबी जो हमारे खाने पे एतराज हो तो हो। हम तो अपने बावर्चीखाने में वही पकाएँगी जो हमको पसन्द है। तुम नाक पे कपड़ा बाँध लो। ज्यादे दिल मचलता हो तो कह दो कुछेक बोटियाँ फेंक देंगे तुम्हारे कुत्तों के लिए भी। दीवार पे पंजे टिका के लार चुआते रहते हैं मुए।

कभी सुनाई देता इस या उस कोठी में बहुरिया का पेट अचानक गिर गया। माँएँ छाती फाड़ रोतीं तो जच्चाघर और श्मशान पास खिसक आते। अन्धकार की बेला में जाड़े की रातों को कई बार कल तक की गर्भिणी के क्रोधभरे रुदन में रात गए उसके शिशु भ्रूण तारे बन चमकते और चौकीदारों को पीपल के बीच छिपी मरचिरैया की चीख सुनाई देती। पृथ्वी की प्रेत नजर। पुरखों का कोप।

उजाले-अँधेरे में चौकीदारों के कपाल के भीतर सपने एक-एक कर बुझ जाते हैं। दिन भर वे कटी लाशों की तरह अपने क्वार्टर में सोने चले जाते। उनकी थालियाँ बाहर ढककर रख दी जातीं। जब जागते चार कौर निगल लेते। कौन निकल सकता था इन हाहाकारी कोठियों के हाते के उजाले में?

मुए कबूतरन की बीट साफ करते कमर दुखने लगी हैगी उनकी, भाभो के समय की पुरानी नौकरानियाँ कहतीं। बड़ियाँ-पापड़ सुखवाने डलवाए गए तौ बीट। अचार के मर्तबान मुँह पर धुला साफ कपड़ा बाँधकर रखवाए गए तो उन पर बीट। गेहूँ धुलवाकर मचिया पर सूखने डालना तौ नामुमकिन हो गया। राम-राम। धोतियों तक पर हग जाते थे।

पतझर के उनींदे दिन थे। जिया अलसाने हो रामा के दिन।

सुबह-सुबह हल्ला मचा। कई कबूतर मरे पड़े थे। कुछ छत के इस पार कुछ उस पार। थानेदार को बुलवाया गया तौ उसने सर खुजलाते कहा कि सर पंछियों पर हमारा क्या बस चलैगो। आप ऐसा करें कि छत के ऊपर-ऊपर तार का बाड़ा बनवा लें। दबी जुबान से कहा-सुना गया दिन उगने से पेश्तर कई गोलियाँ उस सैड से इस सैड फेंकी गई थीं। पर रोजीना के झगड़े में पुलिस या कचहरी क्या करे? दद्दू जी ने पहले ही कह रखा था कि हम दो लोगों के बीच का मसला है, हमीं निबटाएँगे। थल्ड पाल्टी लाने की जरूरत नहीं।

—अब भैया हमने तौ जैसी सुनी तैसी बताई।

फिर सुना दद्दू के दोनों कद्दावर कुत्ते एक सुबह ढेर पाए गए। मूँ से झाग निकल रहा था, पास में कुछ हड्डियाँ पड़ी थीं। अब कहो वैष्णो घर में ई अखाद्य कैसे पहुँचा?

चौकीदारों की दुपहर की नींद के भीतर सपने नहीं आते। सब देवताओं को छोड़कर गुड़ी-मुड़ी नवजात बच्चों की तरह रात गए मुन्ना और महफ़ूज़ मियाँ अपने प्राणों के पास लौटते हैं। और तब पानी की तरह घुमड़-घुमड़ कर दो एकाकी दिल एक-दूसरे से बात करते हैं। इनसानी रातें कहानियों के सहारे ही तो कटती हैं।

तमाम ऐसी कहानियाँ कहते-सुनते चौकीदारों का दिल कई बार भर आते थे। पर वे ज्यादा देर दुखी नहीं रहते थे क्योंकि कोठी की दोनों मालकिनें देही से कमजोर पर जीभ से कसैली थीं। तिस पर उनके मनीजर और उनकी औलादें दोनों सात समंदर पार से कोठियों के गिर्द खुफिया कैमरों से उन पर लगातार शक की निगाह बनाए रखते थे। शक के बूट तले हर पल रौंदा जाना किसे सुहाता है जी?

महीनों तक ठोंकापीटी चली। साझा छज्जे तोड़े जाते रहे, पेड़ों से अधपके फल झड़ाए जाते रहे। कोई-कोई जंग खाया दरवाजा जिद पकड़ जाता और तब तलक जमीन पर धड़ाम होने से कतई इनकार करता रहता जब तक कि एक भारी हथौड़ा न मँगवा लिया जाता। तब ठेकेदारों और मजदूरों की गालियों के बीच वह चारेक चोट बाद किसी बड़े जोधा की तरह हरहरा कर ढह ही जाता।

ऐसे महाभारत के बाद यहाँ देहरी का मजबूत से मजबूत दरवाजा भी कितनी देर टिकता? लोगबाग फिर-फिर कहते। बड़ा मादरचो' खराब समय।

इस सारे दौरान दोनों तरफ के परिवार मच्छरों-मक्खियों से गुंजायमान, ठेकेदारों की कर्कश माँ-बहन की गालियों की बमचख के बीच नींद को मकड़ी के जाले की तरह हटाते हुए रात-रात जागते रहते। हर सुबह आलसी मक्खियों की भिन-भिन से भरी हुई आवाज आती। वकीलानी के वक्तों में मजाल थी कि मक्खी-मच्छर घर-भीतर चले आवें? दोहरे जाली के दरवाजे होते थे। दू दू टैम फिनैल का पोंछा लगाया जाता था, और हर शाम को लोबान जलाकर मच्छरों को बाहर करने का भी इंतजाम था।

अब क्या? रोज-रोज कामवालियाँ शाम को मजदूरों के पैरों के निशान मिटातीं, सुबह बरसाती कीड़ों के धावों के बाद गिरी उनकी सौंफ सरीखी ढेरियों को बटोरतीं और मक्खियों को भगाती हुई बेतरह चिड़चिड़ातीं।

फिर भी उम्मीद पे दुनिया कायम है जी। कुछ ही महीनों की तो बात है। फिर एक दिन हमारी तरफ तो सब कुछ बढ़िया बन ही जाएगा दोनों तरफ के लोग सोचते थे।

ऐसा उनका मानना था। नौकर-चाकर, चौकीदारों को संसा था।

महफूज़ मियाँ ने बीड़ी नीचे गिराकर कुचल दी और अपनी कोठी के पीछे की तरफ जाकर लाठी से ठक-ठक करने लगे।

मुन्ना भी चल दिए।

फिर वही काली रात। पानी अब बरसा कि तब बरसा।

'हमलोगों के देवता में किसुन जी की एक कहानी दादी कहती थी,' बीड़ी खींचते मुन्ना फिर शुरू हुआ, 'तौ किसुन जी और रुकमनी का दिलफेंक बेटा था कोई शंब। शहर से उसकी बड़ी शिकायतें आती थीं। महतारी-बाप ने एक दिन अपने बेटे को खुद्दै ताड़ने को ग्वाला-ग्वालिन का रूप धरा और द्वारका में घूम-घूम कर 'दई ल्यो दई', कहते घूमने लगे। शंब ने सुन्दर ग्वालिन देखी तो बोला आजा मंदिर में आके मोकूं छाछ पिला दे। दुगुना रुपैया ले ले। ग्वालिन मटकी लिये जा पहुँची द्वारे। अब भीतर से शंब कहै तू भीतर आ तब पैसा दूँगो। वो बोली ना जी पहले पैसा फिर छाछ। तौ भैया शंब ने हाथ पकड़ ल्यो वाको। के पकड़ो?'

—हाथ।

—हाँ, जोरा-जोरी बढ़ी तौ भैया महतारी-बाप ने बेटे कौ असिल रूप दिखाया, और शरम से पानी-पानी सर पर पैर रख के घर भागा छोरा। घर जाते हैं तो के देखते हैं कि छोरा एक बड़ी सी कील बनायो है। तो पूछी कि बेटा ई का? तो जवाब मिलो के ई कहानी जिन्ने किसी को भी सुणाने को मूँ खोला वाके मूँ में सीधो जाके ठोंक दूँगो।

—किस किस का मूँ बन्द करैगो कोई?

—सोई तौ।

पीली कोठी चच्चू जी के बियाह की खबर पहुँची तो मानो बम फटा। दद्दा जी रात भर छत पर सिगरेट फूँकते टहला किए, भीतर भाभो जी बेहाल बेसुध। उनकी बहन को खबर हुई तो उसे तो ऐसे दौरे पड़ने लगे कि घरवालों को आगरा ले जाके इलाज करवाना पड़ा। लौटी तो किसी कदर खामोश और गुम-सुम। चुपचाप किसी ईसाई भक्तिनों वाले लड़कियों के कॉन्वेंट में वार्डन बन कहीं दूर पहाड़ चली गई, फिर वह कभी पीली कोठी में नहीं देखी गई।

अब भाभो ने साफ कह दिया कि अगर सामने के रास्ते से चच्चू और उनकी बीवी आए तो वो उसी मिनट पिछवाड़े के रास्ते से मायके चली जाएँगी और फिर कोठी में पैर नहीं रखेंगी।

कोठी वहीं की वहीं रही, जहाँ पर कि थी, पर बँटवारे की नींव पड़ गई।

शरीफों के घरानों के बीच बात मारपीट तक न जाए इसलिए अदालत की मार्फत एक बेतुकी सी बँटवार मंजूर करा ली गई कि चल अब एक भाई इधर, एक उधर शांति से अपने-अपने हिस्से में रहेगा।

अदालत फैसला दे सकती है शांति तो नहीं? पार्टीशन रे पार्टीशन सयाने देखते और उसाँस भरते।

अपने घरों में भी उनकी सुनता कौन था?

नक्काशीदार कंगूरों और खिड़की दरवाजे वाली कोठी के दोनों हिस्से इस मनहूस नंगी बूची दीवार और भगवा हरे फाटकों की वजह से दूर से पहले ही कतई बेमेल नजर आने लगे थे। अब लोग उधर जाने-आने से भी बचने लगे। पीली कोठी की बजाय इमारत शहर में दीवार वाली कोठी कहलाने लगी।

दीवार तो ईंट-गारे की चीज, दिल ही बँट गए तो फिर उसका मतलब बस हर तरह का अलगाव। और यह काम ऊपर वाला झूठ न बुलवाए, बिला रंग की वह दीवार कोई सत्तर सालों से किए जा रही थी।

शहर में पार्टीशन की बाबत कई और भी छोटे-मोटे किस्से मशहूर थे। मसलन, कैसे पार्टीशन के बाद महीनों तक खानदान का एक हिस्सा मुँह-अँधेरे लोटा लेकर जंगल जाने को मजबूर हो गया था। वे बहुएँ तलक जिनका मुँह बाहर किसी मरद ने नहीं देखा था। किस तरह दूसरे हिस्से का परिवार महीने भर को खुले में राँधने-खाने को मजबूर हो गया। नया बावर्चीखाना बना तो तमाम अल्लम-गल्लम रखने को आँगन के सैड के सुन्दर सहन जिसके बीचोंबीच फव्वारा था, तुलसीचौरा था, बेले चमेली थे, पाट कर भंडार बनाया गया। दूसरी सैडवालों ने अपने लिए हाते के कुछ फलदार पेड़ कटवाकर नए पाखाने, नहानघर बनवाए थे।

वकील साहिब और खान साहिब के जीते जी पानी की इफरात थी उस इलाके में पहले। पूरा बाग था यहाँ आम का। सिंदूरी, समरबिहिश्त, लँगड़ा, सफेदा, तोतापरी, बेगमपसन्द, किसम-किसम के नाम किसम-किसम के आम। एक कुआँ भी था जहाँ कुआँ पुजाई के लिए अड़ोस-पड़ोस की नई बहुओं को भी गाती-बजाती औरतें लाती थीं। पर जब कोठी तामीर की गई तो पुराने कुएँ को पाटकर मालिक ने बड़े शौक से पानी की पैपलाइन डलवा ली थी। लाइन से पानी तब चौबीसों घंटे आता था फिर भी घर की गायों के हेत पानी को भरने के लिए एक बड़ा सा हौज धूमधाम से बनवाया गया जिसके लिए सुनते हैं चार दिन तक यज्ञ हुआ। कई बहुओं ने बताया कि उनसे उस पर ही कुआँ पुजाई की रसम करवाई गई थी।

पार्टीशन के तहत अब पानी भी बँटने पर आ गया था। ऐसा कैसा बँटवारा जी? गिलासभर पानी के लिए सगे भाइयों के बीच जूतियों में दाल बँटने लगे? कोई महीना भर लग गया सुनते हैं, राजमिस्त्रियों को यही हिसाब-किताब बिठाने में कि अब तक एक ही पैपलाइन से भरते रहे उस टैंक को किस जुगत से इस तरह चार टंकियों से जोड़ा जाए कि किसी भी हिस्से को खाने-नहाने को पानी कम-बेशी ना मिले।

चच्चू जी वाला हिस्सा यूँ तो दद्दू जी वाले हिस्से से भिन्न नहीं था, पर सजावट एकदम जुदा-जुदा। बरामदे में तखत रहता और सहन के अगल-बगल दो-चार मूढ़े रखे गए थे जिन पर बैठे खान साहिब सुबह-शाम आने-जाने वालों से मिलते हुक्का पीते रहते थे। चच्चू के घर से कचहरी जाते-आते समय रात हो जाती। उनके घर की औरतें अमूमन मर्दाना हिस्से से ओझल रहती थीं। सिर्फ नन्ही बेगम यानी सलमा कभी-कभार बरामदे के तख्त पर बैठी छालियाँ कतरती देखी जातीं।

दद्दू जी के घर की बहुएँ हरचन्द कोशिश करतीं कि उस दम भाभो उस तरफ न आएँ। इससे उनका ब्लड प्रेशर इतना चढ़ जाता था कि कई-कई बार डाक्टरनी को बुलाना पड़ता।

भाभो जी चल बसीं तो सुना चच्चू जी ने जवाब कहलाया सोग को आना

चाहते हैं। इधर से मनै हो गई। कहते हैं दद्दू जी बेटों-बहुओं से साफ कह गए थे कि उनकी मैयत देखने क्या, छूने भी ना दी जावे चच्चू लोगों को।

फिर खान साहिब भी चले गए और उसके कुछेक बरस बाद ही यकायक सलमा बेगम भी। तौ दोनों बार उनके ही लोगों ने मिट्टी उठाई। उधर से जब-जब रोने कुरानखानी की आवाजें और लोबान की खुशबू आई तो इधर वाले के जोरों से भजन के कैसेट बजे थे।

ठीक नहीं हुआ। जमाना बड़ा खराब आ गया है।

आमने-सामने कहने की किसी की हिम्मत न थी। कौन बड़े लोगों के मूँ लगे? किसे अपने मूँ में लोहे की कील ठुँकवाने का शौक होता है भाई?

अब तीसरी पीढ़ी थी, पर अब तक पुश्तैनी बेरुखी मिटी नहीं थी। बरसों बाद कोठियों का बरसों पुराना शक बस काई की तरह फिसलन भरा बन गया था। कीचड़ काँदों में नई नस्ल नहीं रहना चाहती थी। रोज के टंटे, रोज की कहासुनी। फिर उन बच्चों के पंख निकल आये थे दूनो तरफ। सब के सब पढ़ाई खतम करते ही परदेस की तरफ उड़ने लगे तौ एक-एक कर कोठियाँ रीती होने लगीं।

फिर भी अकेले खाली घरों के भीतर खानदानी जमा जथा पर बत्तखों की तरह विराजमान बूढ़ियाँ नहीं चाहती हैं कि बाहर का कोई आवे-जावे। उनको अपने चौकीदारों के पैरों की गश्ती आहट लगातार रात भर तब तक मिलती रहनी चाहिए भाई, जब तक सुक्कर तारा सूरज महाराज का रास्ता नहीं खोलने चल देता।

सो जागते रहो होशियार!

हा मानुख की जात!

कुछ बरस पहिले दोनों कोठियों के परदेसी बन गए मालिकों को हर हफ्ते उनकी कोठी की रपट देनेवाले दोनों तरफ मनीजर रखे गए थे। लम्बी कारों में वो हर हफ्ते आते हैं, अपने हिस्से की कोठी के डराइवरों, मालियों, खाना पकाने वालियों, मालिश वालियों, चौकीदारों का हालचाल थाहते हैं। पुलिस वालों से उनके गहरे रसूख हैं। नए साल पर, बड़े दिन पर, ईद-बकरीद,

होली-दीवाली पर कोठियों की तरफ से वे इलाके के थाने में दस्तूरी डालियाँ भिजवा देते हैं। रात सायरन न बजाती पुलिस की वैन या दुपहरिया हर रात चक्कर भी मार जाती है।

देश बदल गया। शहर बदल गया। गाँव बदल गए। पर कोठीवालों की दुश्मनी ना बदली। कोठीवालों से जे पूछो, एक-एक इंच जमीन पर यूँ लड़ते-मरते रहे हो, पर बाहर बैठे हुए अपने पीछे अपनी महतारियों को कोई जिनावर माफिक ऐसे छोड़ जाता है? कितनी ही बूढ़ी हों, अभी सरग-पाताल के बीच अटकी दोनों कोठियों की माँएँ ही तो उनकी उस पुश्तैनी विरासत को नागिनों जैसी थामे हुए हैं, भैनचो'।

—सो तो है। मुन्ना सहमत होता।

बाहर हम चौकीदार जब पुकारते हैं 'जागते रहो!' यार, तो उसका खास मतलब नहीं होता, कश खींचकर रात की कालिख में आग के सूराख बनाते महफ़ूज़ मियाँ हलके अफसोस के साथ कहते हैं।

कितना बचाओगे कितने दिन तक? समय होत बलवान जगत में समय होत बलवान। महतारियाँ तेजी से बुढ़ा रही थीं। आँखी से कम दिखता, कानों से कम सुनाई देता। चलते में पैर भी डगमगा जाते थे।

'कीड़े-मकोड़े मनुष्य सबकी अपनी जिन्दगी की मीयाद तय है। कोई डोरी तो नहीं कि हम जीने का मन न होने पर तोड़ दें?' मालिश वालियों ने मोबाइल पर बच्चों से बतियाती महतारियों के मुख से बार-बार खुद्द सुना और चौकीदारों के साथ चाय पीते बताया था। यह भी बताती थीं पुरानी महरियाँ कि इधर कान से कम सुनाई देने से दोनों तरफ महतारियों के फोन इस्पीकर पर लगवा गए थे मनीजर बाबू ताकि उनको सात समंदर पार बैठे बच्चों की बातें सुनाई देती रहें। महतारियों से जियादा काम करने वालियाँ सुनती थीं उनकी बातचीत।

वही बताती थीं कि अपने कागजात पर कुछ लिखा-पढ़ी करते उनके निंदियायी आवाज वाले बेटे-बहुएँ दोनों कोठियों की बूढ़ियों से बस इतना ही कहते थे, 'ठीक, ठीक है। अच्छा फिर..'

फिर लाइन कट जाती। महतारियाँ करवट बदलकर पुरानी मालिश वालियों से कहतीं कि वे पीठ पर तेल से जरा कसकर मालिश कर दें और फिर तेल की कटोरी रसोई में उसकी जगह पर धर दें, वो नहाने जा रही हैं।

जब वे कपड़े सँभालती डगमग नहानघरों को चली जातीं उनके बिछौने समेटती मालिश वालियाँ देखतीं उनके तकिये कुछ भीगे हुए हैं। माया री माया। महाठगिनी हम जानी।

धरती पर जिसे नहीं होना था, वह घटता है तो भी गीले तकियों की तरह बहुत कुछ माया-मोह शेष रह जाता है। रामनौमियाँ, करधनियाँ, दस तोले वाली नथें, पँचलड़े-सतलड़े हार, कंगन, बाजूबंद, चूहादंती चूड़ियाँ, सरपेंच, सोने के कामदार बटन, चाँद-सितारे जड़ी रेशमी साड़ियों जोड़ों से भरे बक्से, बचपन के झबले, ननिहालों से आईं अन्नप्राशनी दूधभात वाली नन्ही सी कटोरियाँ, गिलासियाँ, पुरानी अशर्फियाँ, गिन्नियाँ, मोती-मनकों की डिबियाँ।

महतारियाँ बार-बार बेटों को उनकी बाँट की बाबत बताना चाहतीं, पर जो रात-रात भर बहने वाली पूँजी का सारे बरमांड में पीछा करते हैं, अपनी माँओं से बात करते हुए भी अधसोये रहते।

'ठीक है, ठीक है,' कहकर वे हर बार यह थाती गिनाती माँओं को अधबीच चुपा देते हैं। अनचाही, लेकिन फिर भी तजी न जाती माँएँ दु:स्वप्नों से भरी नींद की प्रतीक्षा करती हैं हर रात।

माया महाठगिनी हम जानी, क्या?

दोनों हाते बँटवारे के बाद भी काफी बड़े थे और छायादार फलदार पेड़-पौधों की भरमार। पर डायन की तरह बगूलों से धूल बिखेरती हवा भुतहा पेड़ों और दीवारों के बीच गई रात जाने क्या-क्या खेलकर जाती है।

जभी एक-एक कर कोठियों के बच्चे पढ़ाई खतम होते ही बाहर जाने लगे थे। और दोनों तरफ जवान पैरों की हलचल मन्द पड़ती गई। अगली पीढ़ी ने तो दुबई, पेरिस, कनाडा या अमरीका में जनम लिया था, स्यात् करके उनको याद दिलाने कभी-कभार वो लोग लौटते। पर कैसा था ये लौटना? गुरिल्लों

की तरह अपने-अपने पिट्ठुओं पर बोतलबन्द पानी, अपने कपड़े और दवाइयाँ अलग से लिये-दिये। यहाँ का कच्चा पानी, फल, सब्जियाँ उनको ज़हर की तरह डराते थे।

फिर कुछ दिन सैर-सपाटा करके, दिन भर फोटू खींच-खाँच के एक दिन टीका लगा के या इमामजामिन बँधवा के वो वापस बेबीलोन कहो या लन्दन या कुस्तुन्तुनिया चले जाते।

पीछे बस बूढ़ी बेवाएँ। और उनके बड़ी साध से पकवाए अनखाए पुराने पकवान, लड्डू-मठरियाँ, अनरसे, अचार।

दोनों तरफ के बच्चों ने अलबत्ता अपनी-अपनी माँओं की हिफाजती को पुराने मनीजर और पुलिस से जँचवा के दो लम्बे-तगड़े चौकीदार छाँट के रखवा दिए थे। एक इस तरफ, एक उस तरफ।

महफूज़ मियाँ इस तरफ। मुन्ना भाई उस तरफ। दोनों के सर पर काली राख जैसी रात। पीछे दो अन्धकार भरी भाँय-भाँय करती कोठियाँ।

दो चौकीदार जागते रहते थे। उनकी बीड़ियाँ अँधेरे में दो लाल सूराख बनाती थीं।

चुप्पी। निचाट चुप्पी।

क्यों तुमको, जिसके पास सब कुछ है, जो हमारी तरह पेट की खातिर दिन-दिन बड़े होते बच्चों और दिन-दिन बुढ़ा रही बीवियों को अकेला छोड़कर परदेस में दूसरों के घर की पहरेदारी करने मजबूर नहीं हो, शांति के साथ रहना नहीं आता?

क्यों खुश नहीं हो पाते तुम अपनी या दीवार पार की खुशी में?

धूल-माटी, गाल भर हवा खाकर अधेड़ चौकीदार दो मग चाय पर गोल हो बैठ जाते। कभी-कभार गश्ती पुलिस वाला रामसनेही भी अलाव देखकर हाथ सेंकने आ जुटता।

तीन जोड़ी कान। कई कहानियाँ इस-उस कहानी के पेट से निकलने लगती हैं।

सत्तर बरस में बहुत कुछ बदल गया था। बारिश कम हो गई थी और

शहर की नदी में पानी उतर चला था। पैप लैन से अब गली-मुहल्लों के लिए सुबह-शाम दो-दो घंटे को पानी छोड़ा जाता था बस।

पिछले दस बरस से, जब से मुन्ना चौकीदार एक तरफ और महफूज़ मियाँ दूसरी तरफ चौकीदार थे, उनका काम था ठीक चार बजे सुबह का पानी भरना और शाम चार बजे शाम का पानी भरने को मोटर चालू कर देना। मुन्ना बिरज सैड का था। उसकी जान गाने में बसती थी, या किस्सागोई में। दूसरी कोठी के चौकीदार महफूज़ मियाँ मेवाती। दोनों तरफ के बूढ़े मालिक मर चुके थे, उनकी बुजुर्ग बेवाएँ रह गई थीं। दिनोंदिन बुढ़ाती। एक दूसरी पर नौकरों की मार्फत निगाह रखती। दोनों चौकीदारों की नियमित चौकीदारी भी करतीं। दोनों पर रात में किसी पल सोने का शक हो तौ मच्छी जैसी मिनमिनी आवाज़ से चिल्लातीं, 'कहाँ मर गए मुन्ना? या महफूज़ मियाँ?'

टॉर्च चमकाते दोनों चौकीदार कहते, 'यहीं हैं बीवी जी पिछवाड़े चेक कर रहे थे।' दोनों ने अब तक रतजगा साबित करने का बुनियादी गुर सीख लिया था। कहानियाँ, बीड़ियाँ, टॉर्च का इधर-उधर मारना और कभी-कभार खाँसी।

जवानों की कहो तो वही घर-घर की कहानी दोनों कोठियों की भी थी।

पार्टीशन के बाद दोनों घरों की एक पीढ़ी पली-पुसी, खूब पढ़ी। ज़हीन तो ये नसल थी ही। एक से एक बढ़िया नौकरियाँ हाथ में आ गईं तो बेगाने होकर बच्चे परिवार समेत परदेस जा बसे थे। कहाँ की उर्दू कहाँ की हिन्दुस्तानी। बरसों परदेस में रहते-रहते दोनों तरफ के जवान लोग बस अंग्रेजी में ही गिटपिट करने लगे थे। जाड़ों में बेटे-बहुएँ एकाध बार चक्कर लगा जाते। बाकी साल दोनों घरों को दो बूढ़ियाँ थामे रहतीं।

प्रकट में दोनों अम्मा कहलाती थीं, पर चौकीदार रात को चाँद-तारों तले बैठे बात करते तो उनको कहते बुढ़िया।

'एक बार की बात है दो बूढ़ियाँ थीं जो अगल-बगल की दो झोंपड़ियों में अकेली रहती थीं। सुना महफूज़ भाई?'

'हूँ।'

'तौ एक की भगती से खुस हो के वाको किसुन जी ने दरसन दिए और

कहा माँग जो माँगती है। वो बोली कि मुझे एक बड़ी सी शाही कोठी दे दो तो मिल गई।

'इब दूसरी बुढ़िया को लगी खार। उसने साल भर बस फलाहार कर भजन किया तौ किसुन जी उस पर भी प्रसन्न भये। कहा माँग ले जो माँगना है। सो वो बोली कि जित्ता मेरी पड़ोसन के पास है मोको उससे दूनो दे दो। इब पहली बुढ़िया सुबे उठती है तौ देखती है कि पड़ोसन के पास दू-दू कोठी। जो भी वो माँगै, उसको दूनो पड़ोसन को मिल जाए। फिर एक दिन वाने कही कि हे किसुन महाराज मेरी एक आँख फूट जाए। अगले दिन पड़ोसन की दोनों आँखें फूट गईं। वे लाठी लेकर आने-जाने लगीं। फिर उन्ने कई मेरी कोठी फिर फूस की बन जाए। पड़ोसन की कोठियाँ भी गईं। फिर भी हिरस ना कम हुई तौ उसने माँगा कि मेरा एक हाथ एक एक टाँग टूट जाए। पड़ोसन हाथ-पैर से लाचार हो गई।

'फूस की कुटिया में पड़ी-पड़ी लाचार बुढ़िया सोचै लगी, ई मेरे ही करमन कौ फल है।'

'अच्छा भाई चलें चक्कर लगा लें...'

दोनों घरों को पैसे की तंगी न थी। बेटे बैंकों में पीछे छोड़ी गई माँओं के लिए खाते खोल जाते थे जिनमें रुपया आता रहता। दो मनीजरों और कोई चारेक मालियों, झाड़ू-बरतन वालियों और दवाइयों के लिए उसका ब्याज ही बहुत था। पर घर पर शाम ढले सिर्फ दो बूढ़ियाँ बच रहतीं। चौकीदारों के लिए हातों के भीतर पिछवाड़े में कोठरियाँ नलके अलग से थे। उनको छोड़कर बाकी सब काम करनेवाले शाम गए घर चले जाते। दोनों हातों के पुराने पेड़ों की निचली टहनियाँ काट दी गई थीं ताकि वे ऊँचे हों पर पत्तियाँ अधिक न गिरें और गर्मियों में चँदोवा भी कायम रहे। दोनों तरफ दो गराज भी थे जिनमें कार रहती थी ताकि मन होने पर बूढ़ियाँ आ-जा सकें। ड्राइवर सुबह से शाम तक अक्सर बैठे रहते। फून से जरूरत होने पर गाड़ी पोरच पे लगा देते। बूढ़ियाँ उम्र के साथ कम ही निकलती थीं, पर जरूरत पड़ती ही थी, खासकर जब परदेस से लड़के बच्चे आते। शेष समय ड्राइवर उनकी

सफाई-सुफूई करके देखते रहते कि तेल-पानी ठीक है। कि चिड़ियों-चूहों ने उनके भीतर घोंसले बनाकर बच्चे-वच्चे तो नहीं दे दिए। शाम को वे कैनवस के कवर से ढाँक दी जातीं। मनीजर सब का काम नियमित रूप से चेक करते थे। मनीजरों का काम बेटे। अब तो चारों तरफ लगे कैमरों से वे लोग इस्काइप बोलैं हैं जने का, उन पर सीधे देख लेते थे कि सब ठीक-ठाक है।

चौकीदारों को अपने काम से मतलब था। उनका तीन टाइम का खाना कोठियों से ही आता था और दिन में वे अक्सर सुरती मलते उबासियाँ लेते। बढ़िया काम था। रात भर चौकीदारी, दिन भर सोओ या टहलो। और जब बूढ़ियों के सोने का एतबार हो जाए तो कुछ देर साथ बैठकर एकाध बीड़ी-ऊड़ी फूँक लो। रात भर छोटी-छोटी बातें होतीं, किस्से-कहानियाँ निकलते, फसलों के, गाँवों के, कोठियों के। ठीक है भैंचो'।

'सुन बे मेवाती,' मुन्ना कहता, 'ई जमाना साला हैई नंगई का। सगे भाइयों का बँटवारा हुआ तौ मारी गईं औरतें। हमारी वाली बूढ़ा दिन भर टीवी देखती हैं। कभी-कभार लड़कों-बच्चों से बात हो जाती थी, पर अब कान जवाब दे रहे हैं। हलू-हलू करती रहती हैं।

'इब देख तुम्हारे उधर भी वही फूल-पत्ते-परिंदे, हमारी तरफ भी, तेरी तरफ से धूल उड़ती है तो हमारे यहाँ हमारी तरफ की तुम्हारे यहाँ।'

महफूज़ मियाँ धीमे से गला साफ करते हैं।

'नंगई का ये कि हमारे उधर किस्सा है, एक रोज़ औरंगजेब पातशाह जामा मस्जिद को नमाज़ के लिए निकला तो उसने एक फकीर को मस्जिद की सीढ़ियों पे ठीक सामने बैठा देखा। बगल में काला कम्बल धरा था खुद निपट नंगा।

'भौचक्का पातशा कहै कि तू नंगा काहे को है बे? कुछ तो शरम कर! जानता नहीं मैं कौन हूँ?

'जानता हूँ तू मुलक का सबसे बड़ा चौकीदार हैगा। फकीर पीठ खुजलाते हुए बोला। पर मत भूल कि तेरे मेरे ऊपर हम दूनू से बड़ा एक चौकीदार भी बैठा है।

'पातशा ताव खा गया। बोला तेरी ये मजाल मुझसे मूँ दराज़ी करता है? चल उठा कम्बल और अपनी शर्म ढाँक ले!

'तो फकीर ने कहते हैं हँसते हुए अपना काला कम्बल उठाया। क्या उठाया?'

'काला कम्बल।'

हाँ, तो पातशा क्या देखता है, कि उसने अपने जिस सगे भाई को गद्दी पाने को हलाक कराया था कम्बल के नीचे उसका ही लहू से लथपथ सर पड़ा हैगा।

'पातशा का चेहरा फक! जैसे भूत देख लिया हो!'

'तब नंगा फकीर हँसकर पातशा से कहता है, बोल किसकी शरम ढाँकूँ? तेरी, कि अपनी?'